Reiser
KÖNIG UND DAME

Rudolf Reiser

KÖNIG UND DAME

Ludwig I.
und seine 30 Mätressen

1999

Buchendorfer Verlag

Die Deutsche Bibliothek – CIP-Einheitsaufnahme
Reiser, Rudolf:
König und Dame: Ludwig I. und seine 30 Mätressen / Rudolf
Reiser. – München: Buchendorfer Verl., 1999
ISBN 3-934036-05-8

Satz + Repro: Design-Typo-Print, Ismaning
Druck + Bindung: Spiegel Buch, Ulm
Printed in Germany

ISBN 3-934036-05-8

Inhalt

An die Liebe

Lieben will ich ewig, ewig lieben!
Liebe ist die Seele der Natur,
Flammend steht sie überall geschrieben,
Alles zeiget ihre heil'ge Spur.

Ohne Liebe wäre nicht die Erde,
Ohne Liebe selbst der Himmel nicht;
Liebe, welche sehnend ich begehrte,
Du allein bist meines Lebens Licht.

Deine Feuerstrahlen laß mich saugen,
Nicht an Zukunft denken, nicht zurück,
In dein Glutenmeer entzückt mich tauchen,
Fühlen, fühlen nur in dir mein Glück.

Bloß die Liebe kann die Liebe lohnen,
Nur dem Herzen schenket sich das Herz;
Ohne sie sind eine Last die Kronen,
Ach! es heilt kein Thron des Herzens Schmerz.

König Ludwig I.

»Rastlos getrieben – immer zu lieben…«

Er gab sich als König von Gottes Gnaden aus und irdischen Genüssen hin, war Recht- und Liebhaber, Kunstsammler, Poet und Mäzen: Ludwig I. von Bayern (1786–1868), der München zur Weltstadt ausbaute und seinem Land die Walhalla, Befreiungshalle, die Regensburger Domtürme und das Pompejanum schenkte!

Er ge- und verfiel den schönsten Damen seiner Zeit, verwöhnte und verführte sie, verherrlichte sie in Gedichten und schickte sie wieder weg, wenn ihm ein neuer Lockenkopf schöne Augen machte.

Seine Frau Therese belog und betrog er. Und sie wußte um seine Lieb- und Machenschaften, verzieh ihm aber immer wieder. Ein Mann mit tausend Widersprüchen! Zu bekannt waren ihr sein mieser und fieser Charakter und sein enormes Arbeitspensum, seine Selbstherrlichkeit und sein scharfer Blick für alles Schöne.

»Rastlos getrieben – immer zu lieben…«, schrieb Ludwig schon als junger Mann. Er hat sein Leben in den Armen vieler Frauen, die aus New York und halb Europa stammten, in vollen Zügen genossen. Wie dieses Buch zeigt, das sich auf bisher unbekannte italienische und deutsche Quellen stützt!

Ismaning, 25. Juli 1999 *Rudolf Reiser*

»In der Liebe einzig lebt der Himmel...«

Erste Abenteuer Ludwigs I. mit einer US-Amerikanerin in Neapel, einer polnischen Gräfin in Warschau, einer französischen Schauspielerin in Paris und einer echten Münchnerin

»Ich habe noch niemals eine Frau oder ein Mädchen berührt«, schreibt der 18jährige Kronprinz Ludwig im Dezember 1804 aus Venedig an seinen Vater Max in München. Der junge Mann hat gerade einen harmlosen Flirt mit Artemis, einer Kurtisane der Lagunenstadt, hinter sich, da muß er mit seinem Hofmeister nach Neapel weiterreisen. Im Schatten des Vesuv bricht dann seine erste große Liebesglut voll aus.

Was passiert? Im Hotel steht dem Bayernprinzen plötzlich die fast gleichaltrige Mary gegenüber, ein Töchterlein Robert Livingstons, des großen nordamerikanischen Freiheitskämpfers und US-Gesandten in Paris.

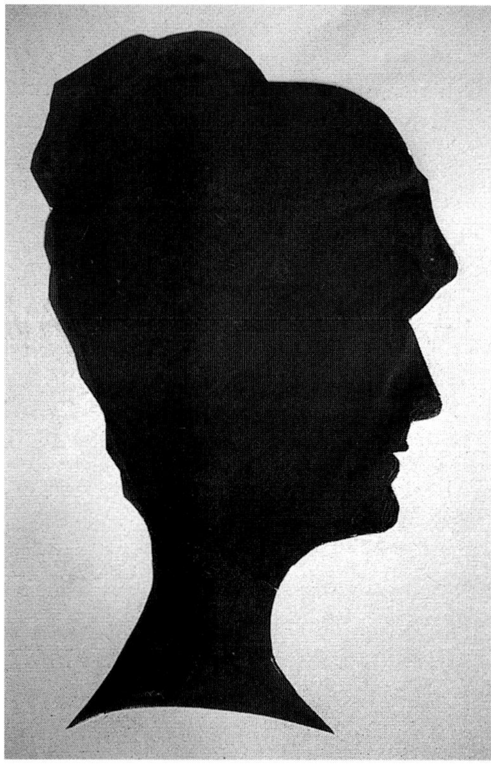

Ludwigs erste große Liebe: Mary Livingston aus New York

»Leicht entflammenden Herzens«, so schreibt der Bayer, streift er mit diesem lustigen und listigen Backfisch die Costa d'Oro, die Goldküste, entlang. In Gaeta dichtet er im Februar 1805: »Ja! ich liebe und sehne, ich atme, ich glaube und liebe.« Er nennt sich im Arm Marys überglücklich einen »Seligen«.

In den ersten Sonnenstrahlen des Frühlings 1805 trifft ihn am weltbekannten Golfbogen der Pfeil Amors derart, daß er sich unverzüglich »An mein Herz« wendet. Mit einer Lebensfreude ohnegleichen dichtet er: »Nie wird Erfahrung dich belehren, daß Liebe sey betörend Spiel, nach Liebe gehet dein Begehren.« Er schließt mit einem Satz, den er bis zu seinem Lebensende beherzigt: »Ich lieb in jungen und alten Jahren.«

Gerne vergleicht Ludwig seine Geliebten mit himmlischen Wesen. Mary ordnet er eine Mänade aus Pompeji zu, die gerade mit einem Bacchanten tanzt.

In Neapel soll er eine der zwei Töchter des dortigen Königspaares zu einem eindeutigen Zweck kennenlernen. Doch sie verblassen beim Rendezvous mit Mary derart, daß er dem Vater in München wissen läßt: »Ich möchte keine von ihnen zur Frau haben.« Wie gefällt es ihm dagegen, so stellt der Chronist des Verlages Raffaelo Mirandi in Neapel fest, wenn er mit Mary die Insel Ischia durchstreift, ihr in San Angelo die Sterne zeigt und ihr die neuesten Motive aus Pompeji erklärt. Eben wurde ein Bild eines Bacchanten mit seiner Mänade entdeckt. Ludwig vergleicht das weibliche Himmelswesen unverzüglich mit seiner Mary. Abends flirtet man in den Tavernen. Beide hören die alten neapolitanischen Liebeslieder wie »Che bella cosa«, und der Wittelsbacher dichtet: »Nur in der Liebe einzig lebt der Himmel.«

Doch dann naht das Ende. Auf Mary wartet das Schiff nach New York. In der letzten Nacht fließen Tränen und die »Lacrima Christi« vom Vesuv. Wehmütig schreibt er: »Zu lieben niemals mich gereut.« Dann identifiziert er sich mit dem »Karthäuser von Neapel«, dessen Liebesleid er in einem langen Gedicht schildert: »Schönheit fand ich bei der reinsten Tugend, Liebe wurde mir, mein Glück war doch ein Wahn.« Unsäglicher Liebesschmerz dann in Rom! Angelika Kauffmann malt den 18jährigen. Furchtsam starrt er die große Künstlerin an (Bild rechts).

Ludwig I. als Kronprinz in Rom (1805)

Ein zweiter Wahn dann kurz darauf in Paris! Dort bewundert Ludwig in der ersten Jahreshälfte 1806 die Primadonna des Theatré Français, Marguerite Georges. Sie ist gerade 20 geworden und beglückte bereits Napoleon und General Murat. Der Korse, so prahlte sie, habe ihr ein Strumpfband geschenkt, das er jedesmal mit Entzücken löste.

Da sie sich aber in den Augen des Kaisers immer mehr zum Blaustrumpf entwickelte, steht er mit ihr bald auf gespanntem Fuße. Just im Augenblick des Abschieds trifft Marguerite nun den Wittelsbacher, der ihr sogleich ge- und verfällt. »Heftig schlagen läßt das Herz«, schreibt er. Und er stellt sich und ihr die Frage: »Was ist es, sage, was nur gleich den Athem hemmt, wenn ich, Holde, dich erblicke, wenn ich deine Nähe fühle?« Und er fragt weiter: »Ist's nicht die Liebe?«

Von den hübschen Frauen in Warschau begeistert: Maria von Walewska (links) und Sophia von Podocka

Als Ludwig Ende August aus Paris abreisen muß, wird er schwermütig. So sehr ihn die Pariserin beglückte, so sehr bedrückt ihn die Großmachtpolitik Napoleons. Doch in München erstrahlt ein neuer Stern. Die junge Hanni verscheucht in diesem herrlichen Altweibersommer 1806 seine Niedergeschlagenheit und läßt ihn fühlen, was er zuvor nie gefühlt. »Schwefelholz-Nanni« wird sie gerufen. Der Architekt Klenze bezeichnet sie als ein Mädchen, das »auf der allerniedrigsten Stufe der Klimax sittlicher Schande« stehe. Doch dem Kronprinzen gefalle das »sehr reichliche und feurige Liebesspiele«.

Überschattet wird alles aber sehr schnell wieder von den Kriegen und Siegen Napoleons. Im Zuge dieses Völkermordens muß Ludwig Anfang 1807 nach Warschau, um an der Seite des Korsen zu kämpfen. Da wird er einmal zu einem Ball in das Palais des Grafen Podocki geladen. Hausherrin ist Sophia, die schönste Frau der damaligen Welt. Die in Konstantinopel Geborene wurde zunächst als Minderjährige für

1500 Piastern an einen Adelsmann und etwas später für zwei Millionen Gulden an Podocki verkauft.

Ludwig ist neugierig, doch zu einer direkten Begegnung kommt es offensichtlich nicht. Dafür verknallt sich der junge Soldat aus Bayern in die 18jährige Gräfin Maria von Walewska, mit der er den Ball eröffnet. Sie ist eine glühende Patriotin, die in diesem Krieg um Polen mit den Waffen einer Frau zu kämpfen weiß. Ludwig mustert immer wieder ihr tief dekolletiertes Kleid, das an gewissen Stellen durchsichtig ist, und gesteht ihr seine Ergebenheit ein.

Doch ihre Gunstbezeigungen sind in dieser Kriegszeit keinen Schuß Pulver wert. Ludwig weiß nämlich nicht, daß Napoleon mit der Schönheit ein Verhältnis hat. Als einfaches Bauernmädchen in polnischer Tracht hat sie ihn einst begrüßt und geküßt. Da sie sich in der ersten Nacht etwas zierte, drohte der Korse, ihr Heimatland zu vernichten. »Halb ohnmächtig«, so schreibt sie, gab sie nach.

So kehrt der am Herzen schwer verwundete Soldat Ludwig im September 1807 wieder heim. Maria dagegen folgt dem Korsen, dem sie im Mai 1810 den nachmaligen französischen Staatspräsidenten Alexandre Walewski gebiert.

Da taucht in München eine neue Frau auf, um deren Gunst ebenfalls Napoleon buhlt, sie aber letztendlich Ludwig überlassen muß. Die Ouvertüre zu einem farbigen Liebesspiel mit einer Opernsängerin aus Würzburg beginnt.

Im Himmel, bei den Göttern der Antike, fühlt sich Ludwig in Italien. Stich nach dem Raffael-Schüler Caldara

Die Liebesprobe mit einer Opernsängerin

In den Jahren vor seiner Hochzeit mit Therese lehrt die Würzburger Sopranistin Regina den künftigen König das hohe Lied der Liebe, wofür sie lange Briefe und Gedichte erhält

Kaum ist Ludwig im September 1807 wieder in München, fällt ihm im Schloß Nymphenburg ein 20jähriges Mädchen auf: Regina, Tochter der berühmten Würzburger Sopranistin Sabina Hitzelberger. Und auch ihr ordnet er sofort ein himmlisches Wesen zu: die Blumengöttin Flora, die auch auf der Decke im Steinernen Saal Nymphenburgs erscheint (Huldigung der Flora von Johann Baptist Zimmermann).

Ludwig freut sich auf die süßen Früchte und windet ihr unentwegt Floras Girlanden in Versform. Einmal versetzt er sich in die Rolle eines Gärtners und dünkt sich glücklich wie nie zuvor:

Opersängerin Regina Hitzelberger aus Würzburg

Minder reizend blüht ihr Blumen,
Eure Farben sind erloschen,
Sind's für mich!
Seit ich, Mädchen, dich gesehen,
Dich, die schönste Blüthe lebend,
Liebe ich.

Mir gefällt der Blumen keine,
Mehr, als nur das holde Veilchen,
Aehnlich dir;
Ohne Anspruch rein und milde,
Wie ihm, Vorzug unter allen
Dir gebühret.

Und es birgt sich unter Blättern,
Und du standest im Gewühle
Schüchtern da,
Unbewußt von deinem Werthe.
Daß du meinen Blick verstanden,
Froh ich sah.

Prangend bunte Blumensträuße
Reichte ich verehrend unsrer
Königin,
Veilchen dir nur, sonsten keiner,
Und du nahmst mein Herz, o Mädchen!
Mit dahin.

Sofort spürt »Gärtner« Ludwig, daß er es mit keinem Mauerblümchen zu tun hat. Regina ist ein »wahres Genie«, wie sich der Zeitgenosse Lipowski ausdrückt. Im Cuvilliéstheater verkörperte sie die Smyrna (Mutter des Adonis), Telaira (Geliebte des Castor) und die Göttin Hebe, als welche sie auch gemalt wird. Anfang 1806 hat sie vor Napoleon gesungen, der ihr sofort ein lukratives Angebot machte. Meyerbeer persönlich kümmerte sich im kaiserlichen Auftrag um sie. Doch sie winkte ab. Dies beeindruckt Ludwig natürlich. Daß sie aber einen anderen berühmten Freund hatte, der sie verehrte und begehrte, wußte er nicht. Es war Joseph Stieler, der nachmalige Hofmaler Ludwigs.

Und noch etwas bleibt dem jungen Wittelsbacher verborgen. Auch der große Hofgeiger Theobald Lang läßt keine Gelegenheit verstreichen, Regina für sich umzustimmen. Als

Therese von Sachsen-Hildburghausen, die Ludwig 1810 heiratet und von ihm sehr oft betrogen wird.

die Zartbesaitete schließlich nachgibt und den Violinisten 1808 heiratet, bedeutet dies noch lange nicht das Ende der Liebschaft Ludwig-Regina, wie der am Hofe dienende und dichtende August von Platen feststellt. So verbringen die verheiratete Sängerin und ihr Single viele harmonische Stunden. König Max hat nichts einzuwenden. Im Gegenteil! Er gibt immer wieder zum besten, daß sich die bürgerliche Moral für einen künftigen Regenten nicht zieme.

Zum Entzücken der in voller Blüte stehenden Sopranistin wird sie von Ludwig weiter als göttliche Flora gepriesen. Am 27. Januar 1809 lobt er im »Blumentanz« die ihm von den Göttern gespendete Lebensfreude, etwas später faszinieren ihn »die duftenden Blüthen des Kranzes, den reichen ich der Flora gewollt«.

Wie jammert Ludwig, als er im Frühjahr 1809 abermals ins Feld muß. Er ängstigt sich um seine Freundin und schreibt nach einem Liebesvers ein neues Testament. In ihm verfügt er über die Anlage von 10 000 Gulden, deren Zinsen in seinem Todesfalle für Regina bestimmt sind. Er überlebt diesen Krieg, ist aber jetzt noch mehr ein Gefangener in den Netzen der Liebe.

Einige der Gedichte Ludwigs, die aus seinem Gänsekiel fließen, beflügeln die Phantasien der Zeitgenossen so sehr, daß man in ganz Deutschland von seinem Höhenflug der Gefühle spricht. Bettina von Arnim, die gerade in der Bayernmetropole weilt, bekommt eine der prosaischen Huldigungen des Wittelsbachers zu Gesicht. Tief bewegt schreibt sie daraufhin am 22. Mai 1809 an Goethe, die Verse seien von Ludwig »im Zauberhauch der Mondnächte bei dem Lied der Nachtigall erfunden, Silb' um Silbe; Klang um Klang aufgereiht«.

Regina empfängt indes nicht nur Gedichte. Als sie ihrem Intimus und Idol im Oktober 1809 ein süßes Geheimnis anvertraut, läßt man die Frage nach dem Vater offen. Regina bekommt soviel Geld, daß sie ihre gut bezahlte Theaterstelle aufgeben und nach Wien reisen kann, wo ihr Beethoven prompt das Lied »An die Geliebte« widmet. Natürlich blüht der Klatsch auch in München, was dem Wittelsbacher nicht gerade angenehm ist. Als der Ende Mai geborene Bub als junger Mann Andeutungen über seine Abstammung macht, erhält er vom verärgerten Ludwig zwei Tage Arrest. »Wegen seinem neulichen verbotenen ungezogenen Extemporirens.« Regina stirbt leider sehr früh, ihr Galan setzt ihr einen imposanten Grabstein im Südlichen Friedhof.

Königin Luise von Preußen, Tante der zukünftigen Bayernkönigin Therese

Doch zurück zum Jahr 1810! Ludwig weiß, daß er sich schnell für eine Prinzessin seiner Wahl entscheiden muß, will er dem Diktat des als unbesiegbar erscheinenden Napoleon entrinnen. So fällt seine Wahl auf die 18jährige Therese von Sachsen-Hildburghausen. »Gott möge die Verbindung segnen, die meine anziehende Nichte bald schließen wird, aber ich gestehe, ich zweifle daran.« Das sind die Worte der hübschen Preußenkönigin Luise, einer Tante der Braut Ludwigs. Wie berechtigt diese Aussage ist, zeigt sich bereits in der Hochzeitsnacht vom 11. auf den 12. Oktober 1810. Ludwig verläßt seine ihm eben angetraute Frau Therese und vergnügt sich in provokativer Weise anderwärts. So belügt und betrügt er sie von Anfang an.

Um Leib und Seele einer Wienerin bemüht

In seinen ersten Ehejahren macht Kronprinz Ludwig Schönheiten aus Salzburg, Wien und Heidelberg den Hof und wird notfalls auch rabiat, wenn sich eine Frau ziert

Nach der Hochzeitsfeier, mit der 1810 das weltberühmte Oktoberfest begründet wird, ziehen Kronprinz Ludwig und Therese nach Salzburg. Und dort stehen der jungen Frau bald die Haare zu Berge. Ihr Ludwig stürzt sich nämlich in ein Liebesabenteuer nach dem anderen. Der süße Fratz in der Konditorei und die hübschen Bürgerstöchter von der Getreidegasse, so wird dem König Max nach München mitgeteilt, spreizen sich nicht lange, wenn der zünftige und künftige Landesherr mit Veilchensträußchen Komplimente macht.

Besonders heiter stimmt ihn abermals eine Sängerin von der Bühne: Anna, die erste große Liebe nach der Hochzeit! Da die Ehefrau von diesem Flirt erfährt, macht sie dem Wittelsbacher ein arges Theater. Davon erfährt auch Dichter Platen, der uns lapidar mitteilt, daß Therese die Sopranistin »entfernen ließ, weil sie den Kronprinzen in dieselbe verliebt glaubte«.

Seine Ovationen unterbricht Ludwig auch nicht, als die eifersüchtige Ehefrau schwanger wird und am 28. November 1811 ihren ersten Sohn (den späteren König Maximilian II.) gebiert. Im Gegenteil! Jetzt empfindet er Therese als ein unangenehmes Scheu- und Schicksal seines Lebens. Die arme Frau spürt dies so sehr, daß sie ihm 1813 mehr mit Tränen als Tinte schreibt: »Als ich gestern frug, was ich dem lieben Vater schreiben soll, sagte Max – bleibe da. Ich schweige denn von mir und meinem Kummer, doch den eines anderen zu lindern, ergreife ich die Feder.« Königin Caroline stellt fest, er bleibe nur solange zu Hause, »als er keine neuen Liebschaften hat«.

Selbstverständlich fährt Ludwig 1814 auch zum Wiener Kongreß. An der schönen blauen Donau wirft er dann die letzten Skrupel über Bord. Er hat praktisch rund um die Uhr seine schwachen Stunden. Wie schwärmt er in Hietzing vom Bürgermädel Antonie, die »dem Kronprinzen eine so heftige Leidenschaft einflößte«, wie Architekt Klenze berichtet, daß er am liebsten dort bliebe.

Der Kongreß tanzt. In Wien wetteifern 1814/15 die schönsten Frauen des Kontinents mit den einheimischen Grazien um die Gunst der Könige und Grafen. Ludwig legt sich keinerlei Hemmungen auf.

Ausgangspunkt für die Streifzüge zu den verschwiegenen Plätzen ist der beliebteste Treff der Wiener Liebespaare: die Reitersäule Josephs II. Daß Antonie eine Todsünde wert ist, entnehmen wir seinen Gedichten. »Liebe brachte zum Fall dich und Liebe erhebt dich wieder, so ja lieget vereint Gift

Julie von Zichy aus altem ungarischen Adel

und das Gegengift schon.« Dann flüstert er ihr zu: »Liebe beglücket allein, bin es jetzt, weil du mich liebst.«

Doch bald ist dieses Wiener Blut ein rotes Tuch für ihn. Er stellt nämlich eines Tages fest, daß er Antoniens Herz mit einem anderen teilen muß. In aussichtsloser Lage beginnt nun Ludwig, seine Angebetete zur Keuschheit zu bekehren. »Führe uns nicht in Versuchung«, schreibt er. Als sie ihm vorheuchelt, Buße zu tun, steckt er ihr 20 000 Gulden ins Mieder. Dazu dichtet er: »Seh ich liebend mich von dir umgeben, im Gefühle deiner Dankbarkeit.«

Nachdem er sich ausgiebig um Leib und Seele der kleinen Antonie gekümmert hatte, wähnt sich Ludwig mit einem jungen Herz aus altem Adel im siebten Himmel. Sie ist zwar etwas scheu, aber neu: Gräfin Julie Zichy, eine geborene Festeticy aus Ungarn, die auf den Assembleen und Bällen als »beauté céleste« gefeiert wird. Alles preist den makellosen Körper der Brünetten. Doch auch sie muß Ludwig zunächst mit einem Nebenbuhler teilen – mit dem Preußenkönig. Trotz ihrer »Silberblicke von Seelenadel gegen die zudringlichen monarchischen Bestürmungen« erreicht Ludwig aber dann sein Ziel. Auf Umwegen, wie wir einem Tagebuch entnehmen!

Auf einem Ball glaubt er, die Zichy zu sehen. Sofort geht er mit einer »wunderlich zutraulichen Anrede« auf die Dame zu. »Seine unbeschreibliche Annäherung trieb mich immer mehr in die Enge.« An einer Konsole wird diese Flucht auf Raten dann aber gestoppt. Sofort schmiegt sich der Wittelsbacher an die Brust der wehr- und sprachlosen Schönheit.

»Endlich«, so berichtet die gehetzte und verletzte Dame weiter, »befreite mich eine Antwort, die ihn stutzig machte, von seiner unbequemen Nähe.« Es stellt sich nämlich heraus, daß der Schwerenöter die dänische Gräfin Elise von Bernstorff mit der Zichy verwechselte. Sofort entschuldigt sich Ludwig bei seinem »Opfer«. Nach diesem Fauxpas macht er dann der Bernstorff ungewöhnliche Komplimente. »Dies konnte mich jedoch nicht mit seiner Art und Weise aussöhnen«, empört sie sich.

Natürlich erfährt die Zichy von diesem Manöver, und es gefällt ihr. Bei einem Spiel »Blinde Kuh« (im Salon der Fürstin Thurn und Taxis) ist sie beileibe nicht eingeschnappt, wenn sie Ludwig dort faßt, wo man Frauen besonders gern anfaßt. Ein Rivale spottet deswegen: »Da ist jemand offenbar nicht blind genug gewesen.« Die Zichy blinzelt ihrem Ludwig zu. Liebe, so gesteht sie spontan, macht eben nicht immer blind, zu gern sieht sie ihm in die Augen.

Elise von Bernstorff, die sich über Ludwigs Aufdringlichkeiten entrüstet

Einer ersten Annäherung folgt ein flammendes Gedicht an die Geliebte: »Empfang dieß Werk, du teutscheste der Frauen, der innigsten Verehrung schwaches Zeichen.« Mitten im Glück zerstört dann aber ein alter Bekannter diese taufrischen Zärtlichkeiten. Napoleon! Er verläßt Elba, Ludwig seine Zichy. Gebrochenen Herzens stirbt sie bald.

Zu Hause in Bayern wandelt Ludwig indes weiter auf der Rosenspur. Es sind heimliche Liebschaften, darunter die mit Helene Hahn aus Heidelberg. Das 17jährige Mädchen ruft in ihm Erinnerungen an den Sommer 1810 hervor. Damals schmerzte ihn in Heidelberg der Verlust der Pfalz (»Jahrhunderte der Väter Sitz«). »Die Sehnsucht, sie wird nicht gestillt«, setzt er hinzu. Jetzt sehnt er sich nach Helene, die »der höchsten Raserei der Liebe fähig ist«, wie ihr nachmaliger Liebhaber Uxkull schreibt.

Dieses sehr viel reisende und reizende Wesen stammt aus einer großen Gelehrtenfamilie. Bruder ist der Germanist Karl August Hahn, Schwager der Philosoph und Hegel-Schüler Hinrichs. Helene lernt im Umgang mit Ludwig auch dessen Vater Max kennen, der sich trotz seiner 61 Jahre sofort in das Mädchen verliebt. Bevor es zum Zwist im Hause Wittelsbach kommt, setzt sich das Ziel der Begierden nach Wien ab. Bald flirtet Ludwig aber wieder mit einer »schönen Helena«.

Kurze Glückseligkeit in der Ewigen Stadt

Nach vielen Flirts des Kronprinzen Ludwig mit der Gräfin Rambaldi im Englischen Garten floriert die Liebe mit der neapolitanischen Blumenwinderin Angelika in Rom nur wenige Tage

In München gibt es 1817 viel Tratsch. Kronprinz Ludwig stürzt den allmächtigen Minister Montgelas und erobert die schönste Adelsdame der Stadt: Gräfin Maria von Rambaldi. Schon am frühen Morgen sieht man den nunmehr 31jährigen im Englischen Garten hinter Busch und Baum, mit der 27jährigen Süßholz raspeln. Sie stammt aus einem weitverzweigten italienischen Geschlecht, das einst in Verona sehr mächtig und prächtig in Erscheinung trat. Der Kronprinz behandelt seine Comtesse dermaßen ungeniert als seine Herzenskönigin, daß jedermann in München von seiner »Mätresse« spricht.

Maria von Rambaldi aus berühmtem Veroneser Adel

Nach dem Vorbild italienischer Potentaten, die ihre Geliebten gerne in Gestalt von Heiligen malen ließen, bestimmt Ludwig die Rambaldi als erste Frau für seine Schönheitengalerie. Und zwar als Madonna! Er folgt damit einem alten sizilianischen Brauch. Von »Messinas schönster Frau als Mutter Gottes« berichtet der dänische Märchendichter Andersen, Ludwigs Zeitgenosse. Als Künstler für das Bild holt der Wittelsbacher seinen einstigen Rivalen Stieler. Und er malt die Madonna schön wie die Sünde! Als sie Ludwig aber in einer Kunstausstellung öffentlich zeigen läßt, erlebt er sein blaues Wunder. Da hängt nicht nur der Haussegen schief, da wütet in München ein regelrechter Krieg zwischen den Künstlern und Klerikalen. Ludwigs Angebetete wird abgehängt – und verschwindet auf ewige Zeiten.

Angelika di Napoli, die Blumenwinderin in fürstlichem Gewand

Der ganze Trubel und eine schwere Krankheit führen dazu, daß Ludwig das Madonnenmotiv dem Empfinden seiner Mitmenschen opfert. Ja, er gebraucht sogar den Vornamen der Geliebten (die wie die Gottesmutter Maria heißt) nie wieder. Wegen ihrer Anmut nennt er sie Leni – nach der »Schönen Helena«, derentwegen ja auch ein Krieg ausgebrochen ist. Bald wird die Geliebte so unter dem Namen »Rambaldi-Lene« allgemein bekannt.

Ihr Geschlecht führt seit alters her einen Storch im Wappen. Und dieser schaut unversehens bei der adretten Comteß vorbei. Als Vater des Kindes gilt natürlich Ludwig, doch dieser sagt zu Stieler, er sei »weit entfernt, mit diesem Mädchen in strafbaren Verhältnissen gestanden zu haben«.

Die Süßspeisen der Gräfin hilft Ludwig freilich sofort mitauslöffeln. Er findet die werdende Mutter großzügig ab und verheiratet sie mit einem Gutsbesitzer, der bei Brückenau begütert ist. Als er sie später wieder sieht, so versichert er Stieler, berührt er sie nicht einmal »mit der Fingerspitze«.

Kein Fingerspitzengefühl hat er auch zu Hause in der eigenen Familie. Seine Frau Therese könnte in die Luft gehen, als sie von seinen neuerlichen Reiseplänen erfährt. Am 15. Oktober 1817 bricht er in München mit seinen Freunden Seinsheim und Ringseis auf. Noch müde von der langen Reise, blüht er in Rom bei einer eleganten Blumenwinderin auf!

Ludwig kennt diese Tätigkeit höherer Töchter aus unzähligen Werken. Goethe und Tasso beschrieben sie. Da steht plötzlich bei einem Spaziergang mit Ringseis ein Mädchen mit scheuen Rehaugen vor ihm. Der Arzt und der Kolumnist der Druckerei Seguin in Neapel verraten uns mehr über den neuen Stern. Es handelt sich um die Neapolitanerin Angelika. Sofort schickt der Wittelsbacher seine ärztliche Begleitung weg, die deswegen nichts über seine Herzenswunde berichten kann.

Doch uns bleibt ein Trostpflaster. Der Hahnrei aus München greift nämlich selbst zur Feder. Am 11. November schreibt er bei der Überfahrt nach Sizilien: »Endlos dehnt sich das Meer und endlos dehnt sich der Himmel; ohne Ende, wie sie währet die Liebe für dich.« Wieder an Land dichtet er: »Nur wenn Liebe wir empfinden, lernen wir den Himmel sehen.« Was soll er »unter diesem Wonnehimmel«, ist doch die Geliebte so fern. Sein Herz verlange nämlich »in dem liebesglühenden Lande nach der Liebe süßen Schmerzen«.

Als Ludwig dann wieder in Rom eintrifft, ahnt er, daß noch ein anderer wie eine Klette an der Blumenwinderin hängt. »Fliehe den Schmetterlingsschwarm, ihn lockt dir einzig die Blüthe«, warnt er plötzlich und fährt fort: »Wenn vorüber sie ist, bleibst verlassen du stehn.« Dann hören wir nichts mehr von ihr.

Wenn nicht alles täuscht, ist Angelika auf einem Gemälde dargestellt, das der Freistaat Bayern vor einigen Jahren erworben hat. Es trägt den Titel »Die Blumenwinderin« und wird 1828 von Adolf Senf in Rom vollendet. Daß das abgebildete Mädchen keine professionelle Blumenwinderin ist, sieht man auf den ersten Blick. Die junge Dame trägt ein teures Kleid, das an der linken Schulter mit einer in Gold gefaßten Rubinbrosche zusammengehalten wird. Den schlanken Hals ziert eine aus über 60 Perlen bestehende Kette. So schmückt nur ein Fürst seine Geliebte!

Auf eine Liebschaft deuten auch die Orangen im Hintergrund. Sie sind, was heute längst vergessen ist, ein Symbol der Liebe. Werther schenkt zum Beispiel Lotte beim ersten Tanz Orangen. Dann deutet der Vesuv auf die Herkunft der Dame. Neapel! Und nicht zu vergessen: die Schmetterlinge auf dem Bild! Da sind alle Reizworte vereinigt.

Zudem wissen wir, daß Ludwig den Maler Senf öfter in Rom trifft. Auch Ringseis kennt ihn gut. Seine Frau findet ihn sogar für »den süßesten aller Senfe«. Sie lernt auch Ludwigs nächste Geliebte kennen, eine Römerin, die ebenfalls mit einer Orange gemalt wird.

»Amor an der Arbeit«, römische Zeichnung zur Zeit Ludwigs

»Ohne die Liebe wäre die Welt nicht die Welt...«

Kronprinz Ludwig aus Bayern zitiert und befolgt in den Armen der beiden Römerinnen Angelina und Adelaide die Elegien, die Goethe vor 30 Jahren am Tiber gedichtet hat

»Ein namenloses sehnendes Verlangen, um liebend Gegenliebe zu empfangen«, stellt Kronprinz Ludwig Ende November 1817 in »der Sicilianerinnen Augen« fest. Zurück in der Ewigen Stadt schwärmt er dann von den Römerinnen. Immer wieder ruft er aus: »Eine Welt zwar bist du, o Rom; doch ohne die Liebe wäre die Welt nicht die Welt, wäre denn Rom auch nicht Rom.« Dieser Vers stammt aus Goethes »Römische Elegien«, in denen auch zu lesen ist: »Laß dich, Geliebte, nicht reu(e)n, daß du mir so schnell dich ergeben.«

Diese Verse hört auch die 20jährige Angelina, wie uns Ludwigs Reisebegleiter Klenze mitteilt. Wahrscheinlich lernt er sie in einem Atelier kennen, und die Hübsche geht gleich zur Sache, was Klenze entsetzt. Sein Kommentar: »Diese neue römische Geliebte war ein verworfenes Geschöpf und aus einem öffentlichen Hause, glaube ich, von einem römischen Winkeladvokaten Nahmens Magatti aufgenommen worden, welcher mit ihr im Einverständniße auf ihre Reitze speculirte.« Ludwig ist von Sinnen. Seine Freunde hören immer wieder von ihm Goethes Worte. Und eines davon lautet auch: »Hebet am Ende sich ein brokatener Rock nicht wie ein wollener auf?« Ludwigs Frau Therese trägt zu Hause Brokat, Angelina sicher nicht. Doch als er seine neue Liebe malen läßt, kauft er ihr ein teures Kleid. Jetzt ist nicht die Brosche rot, wie bei ihrer Vorgängerin, sondern die gesamte Körperhülle. Als Künstler gewinnt Ludwig den Berliner Wilhelm Schadow. Sein Bild (heute Neue Pinakothek) ist auch deswegen schon ein Meisterwerk der Kunstgeschichte, weil es vor Symbolen nur so strotzt.

Darstellen läßt er sie mit den Gesichtszügen der Psyche. In der Hand hält sie das Vergißmeinnicht, auf dem Tisch im Hintergrund liegt eine Orange. Der Weinkrug daneben hat einen Henkel mit Amors Gestalt. Dies weist gleichermaßen auf die Liebesbeziehung Ludwigs zu Angelina und auf das antike

Die Römerin Angelina Magatti (rechts) vergleicht Ludwig mit der Psyche des antiken Götterhimmels, der Gefährtin Amors

Paar Amor-Psyche hin. Letztere wird fast immer mit Schmetterlingsflügeln dargestellt. Zum Bild dichtet Ludwig: »Blühe und freu dich der Blüthe, du Liebliche, aber bedenke, daß, wo Blüthe nur ist, einzig der Schmetterling naht.«

Diese Schwärmerei fällt natürlich den Begleitern auf. Doch wie reagiert Ludwig darauf? Goethes Vers »Ohne die Liebe...«, so erzählt Klenze, »war damals stets in des Kronprinzen Munde, wenn er bei seinen Reisegefährten irgend eine Spur von Mißbilligung seines illegitimen Liebeshandels mit jenem verworfenen Weibe zu entdecken glaubte.«

Nur einer kritisiert ihn nicht: der aus Kreuznach stammende Maler Friedrich Müller. Er hat 1786 noch Goethe in Rom erlebt und erzählt, das Genie aus Weimar habe bei der Abfassung seiner Elegien an ein einfaches Wassermädel gedacht, was Ludwig zu Tränen rührt. Sofort beginnt er, Goethe zu imitieren. »Ohne die Liebe«, so himmelt er Angelina an, »ist Rom nicht Rom und bey dir nur die Liebe.« Er sehe in der

Stadt viele Schönheiten, könne sie aber kaum bewundern. »Sah ich das Schönste doch, meine Geliebte, dich stets.«

Die ersten vier Monate des neuen Jahres 1818 gehören ganz der Römerin. »Sinnlich, kunstliebend, war es stets nur die körperliche Schönheit allein, welche seine Wahl bestimmte«, klagt Klenze. Das stellt auch der schwedische Philosoph Atterbom fest, der Ludwig genau beobachtet.

Beim Abschiedsfest am 29. April 1818 auf dem Monte Parioli hofiert der Wittelsbacher die Frau des Berliner Malers Catel, »eine kleine, modellschöne Signora«, die laut Atterbom »gleichzeitig so unschuldig und verführerisch bei ihrem Tanze aussah, daß manchem der Zuschauer der Kopf verdreht wurde.« Immer wieder fordert sie der Münchner auf.

Während des Tanzes richtet er dann auf sie »ein allergnädigstes Feuer, vor dem ihrem Mann hätte bange werden können, im Falle er nicht starken Glauben in die Tugend seine Frau setzte«. Soweit der Schwede!

Adelaide Schiasetti, Münchner Opernsängerin aus Rom

Als Ludwig kurz darauf in München eintrifft, ist seine Ehe praktisch am Ende. Vor kurzem mußte man vom jüngsten seiner vier Kinder Abschied nehmen. Kronprinzessin Therese durchlebt die Hölle, ihr Mann ist aber schon wieder im (siebten) Himmel. Abermals karessiert er eine Römerin, die 18jährige Adelaide Schiasetti, Primadonna am Münchner Nationaltheater, das 1818 eröffnet wird und Ludwig so sehr an das Pantheon in in ihrer Geburts- und seiner Lieblingsstadt erinnert. »Italienische Gluth mit teutschem Gefühle vereinend, bist wie durch Schönheit du auch durch dein Gemüth Ideal«, dichtet er.

Die Münchner zeigen sich empört, behauptet Klenze. Diese Liebe gebe nämlich »wegen ihrer Oeffentlichkeit und unbegränzten Leidenschaftlichkeit großes Ärgerniß«. Einmal wird er mit ihr in einem Palais zu Tisch gebeten. »Ich hätte vor Ärger und Scham in den Boden sinken mögen«, schreibt er sauertöpfisch in sein Tagebuch. Die kalt gestellte Therese mag sich wehren, wie sie will, ihr Mann tut, was er will.

Eine so hübsche Frau wie Adelaide muß natürlich für seine seit längerem geplante, aber immer noch nicht begonnene Schönheitengalerie gemalt werden. Fast gleichzeitig erhalten Stieler und Electrine Stuntz aus Straßburg (Geburtsort Ludwigs) Aufträge. Ihre Produkte werden hochgerühmt, verschwinden aber aus einem uns unbekannten Grund bald wieder. Sie sind bis heute verschollen.

Die Liebschaft Ludwig-Adelaide endet kurz vor dem Herbst 1820. Vier Jahre später geht die Freundin zum Théâtre-Italien in Paris und dann nach Genua, wo sie in bescheidenen Verhältnissen lebt. Dort erhält die ehemals gefeierte Sängerin so manche Banknote von Ludwig.

Pantheon in Rom und Nationaltheater in München. Beide sich ähnelnde Gebäude erinnern Ludwig an die Ewige Stadt. Seine im Theater engagierte Adelaide wurde am Tiber geboren.

Lebenslust bei römischen Modellen und bayerischer Kost

In Rom verkehrt Kronprinz Ludwig gerne im Kreise der deutschen Künstler und schöner Frauen, die von den Malern porträtiert und von ihm in vielen Gedichten verherrlicht werden

Ludwig von Bayern, so stellt 1818 in Rom der schwedische Philosoph Atterbom fest, hat zwei Hauptleidenschaften: »Schöne Künste und schöne Damen!« Und so betrachtet er es als Hochgenuß, mit den Malern zu zechen. »Weißt Du, bei wem ich das neue Jahr erwartet und begrüßt habe?« fragt am 1. Januar 1818 Julius Schnorr von Carolsfeld brieflich seinen Vater. Und er gibt ihm gleich die Antwort: »Beim Prinzen von Bayern. Wir waren unser sieben geladen.« Dabei sind noch der Däne Bertel Thorwaldsen, der Tiroler Joseph Koch, der Würzburger Johann Martin Wagner, der Berliner Philipp Veit, der Neustrelitzer Ferdinand Ruscheweyh und der Kurländer Eduard Launitz. Also nur ein Bayer!

Friedrich Overbeck (links) und sein Freund Peter Cornelius, Rom 1812

Ein andermal bittet Ludwig den Lübecker Friedrich Overbeck, den Düsseldorfer Peter Cornelius und den Sachsen Adolf Senf zu Gamberi und Grappa. Und weil Liebe durch den Magen geht, bestellt er auch schon mal königlich-bayerische Kost, Leberknödelsuppe, Gerichte mit Speck und Apfelkücherl zum Beispiel.

Einige der von Ludwig so ausgezeichneten Maler haben sich zum »Lukasbund« zusammengeschlossen. Sie bezeichnen sich »Nazarener«. Vorbild ist im wahrsten Sinne des Wortes das Werk Raffaels. Auf die Frage, wie sich ein Maler vor »unreinen Gedanken« bewahren könne, schreibt der führende Kopf der Vereinigung, Overbeck, seinem Vater: »Durch Religion, durch

Blick vom Gianicolo auf Rom. Unter der Tasso-Eiche läßt sich Ludwig gerne nieder.

Studium der Bibel, die einzig und allein den Raphael zum Raphael gemacht hat.« So pflegt man im »Lukasbund«, der sich im Kloster San Isidoro unweit der Villa Malta niederläßt, christliches Betragen und Bibelstunden. Jeder bemüht sich bei seiner Arbeit, das Andachtsbild nach dem Schema Raffaels zu erneuern.

Ihren Madonnen, Aposteln und Engeln geben die »Nazarener« so fromme Gesichter und Gebärden, daß man beim Betrachten glaubt, schon im Vorhof des Himmels zu sein. Doch auch die weltlichen Motive sind bildhübsch und von Raffaels Mustern geprägt. Wie gefallen Ludwig die erste Gemeinschaftsarbeit des »Lukasbundes« im Palazzo Zuccari, die heute ältesten Monumentalmalereien der deutschen Romantik, und die darauffolgende Ausgestaltung des Casino Massimo mit Fresken aus den Viten Dantes, Ariosts und Tassos!

Vor allem die Verse des 1544 in Sorrent geborenen Torquato Tasso faszinieren den Wittelsbacher. Goethe hat dem Dichter ein phantastisches Schauspiel gewidmet, das Ludwig über

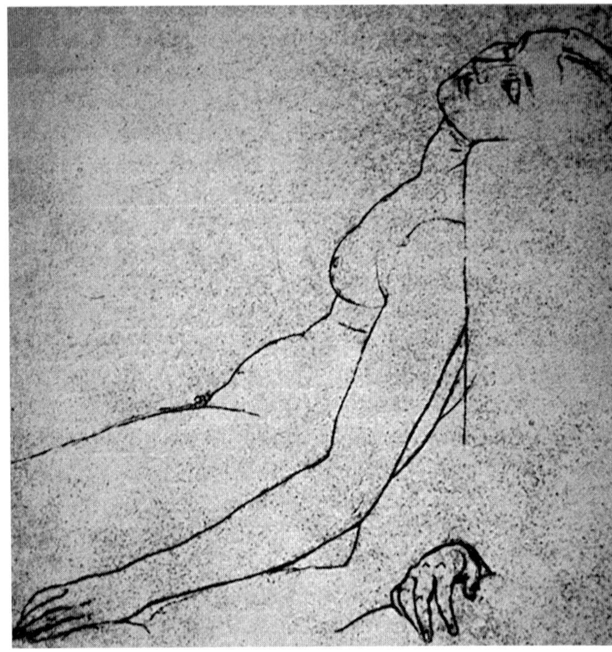

Gesteigerte Lebensfreude bei römischen Modellen.
Rechts: Hera von Peter Cornelius.
Unten: Tanz der Salome von Johann Martin Wagner

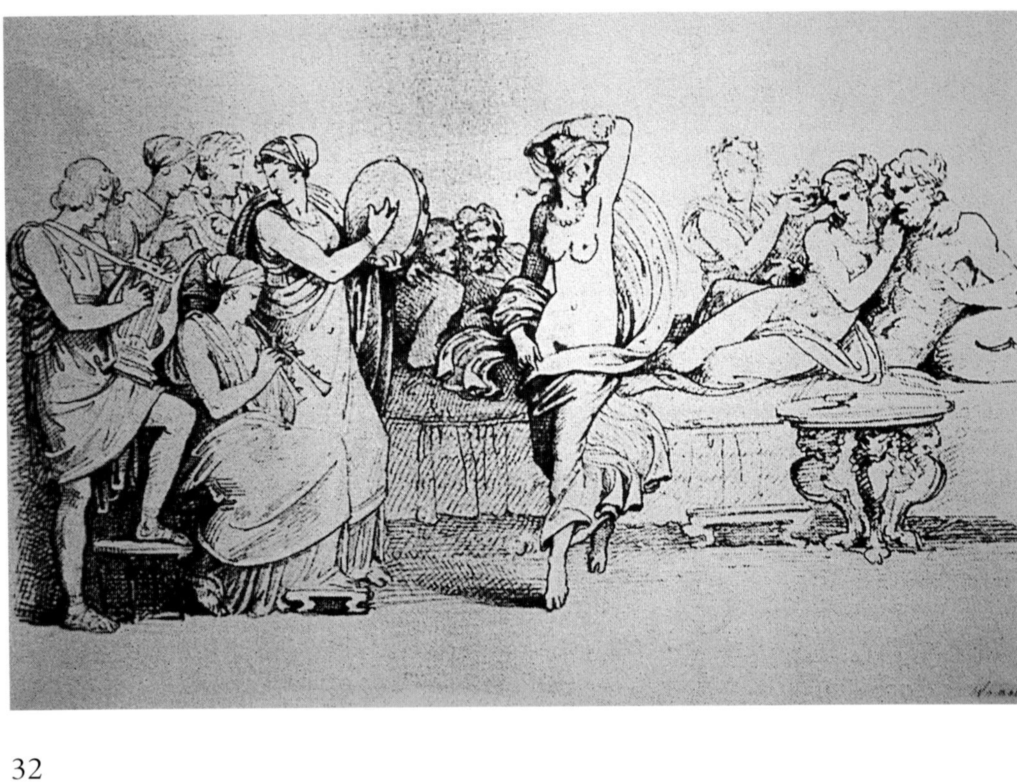

Sophronia und Olindo auf dem Scheiterhaufen, gemalt von Overbeck für das Casino Massimo

weite Strecken auswendig kann. Gerne läßt er sich unter der Tasso-Eiche auf dem Gianicolo nieder, wo der bayerische Poet den italienischen würdigt: »Es glänzt auf dir des Himmels ewige Krone.«

Natürlich kann Ludwig auch viele Verse Tassos aus dem Gedächtnis zitieren. Besonders gefällt ihm die Szene aus dem »Befreiten Jerusalem«, in der die hübsche Sophronia und ihr Olindo vom Scheiterhaufen befreit werden. Overbeck malt diesen Moment mit einer Hingabe, daß Atterbom erklärt, so etwas könne man nur »con amore« leisten. Noch auf dem Scheiterhaufen erscheint Sophronia als attraktive Frau, die mit ihren Körperreizen nicht zu geizen vermag.

So etwas mag Ludwig. Die wenigen oder gar ganz fehlenden Kleider der gemalten Damen geben denn auch viel Gesprächsstoff ab. In ihn sind kühne Phantasien gewoben, wie seine Gedichte zeigen. Und so steckt ihm mancher Künstler eine Aktzeichnung zu. Eine tanzende Salome, dargestellt beim Fall des letzten Schleiers, hat ihm sein Kunstagent Wagner geschenkt.

Ludwig weiß auch, wie bunt es die Maler treiben, die ihre wohlgestalteten Modelle von den sieben Hügeln Roms studieren und porträtieren! Da ist nichts mehr verhüllt, wie die Akt-

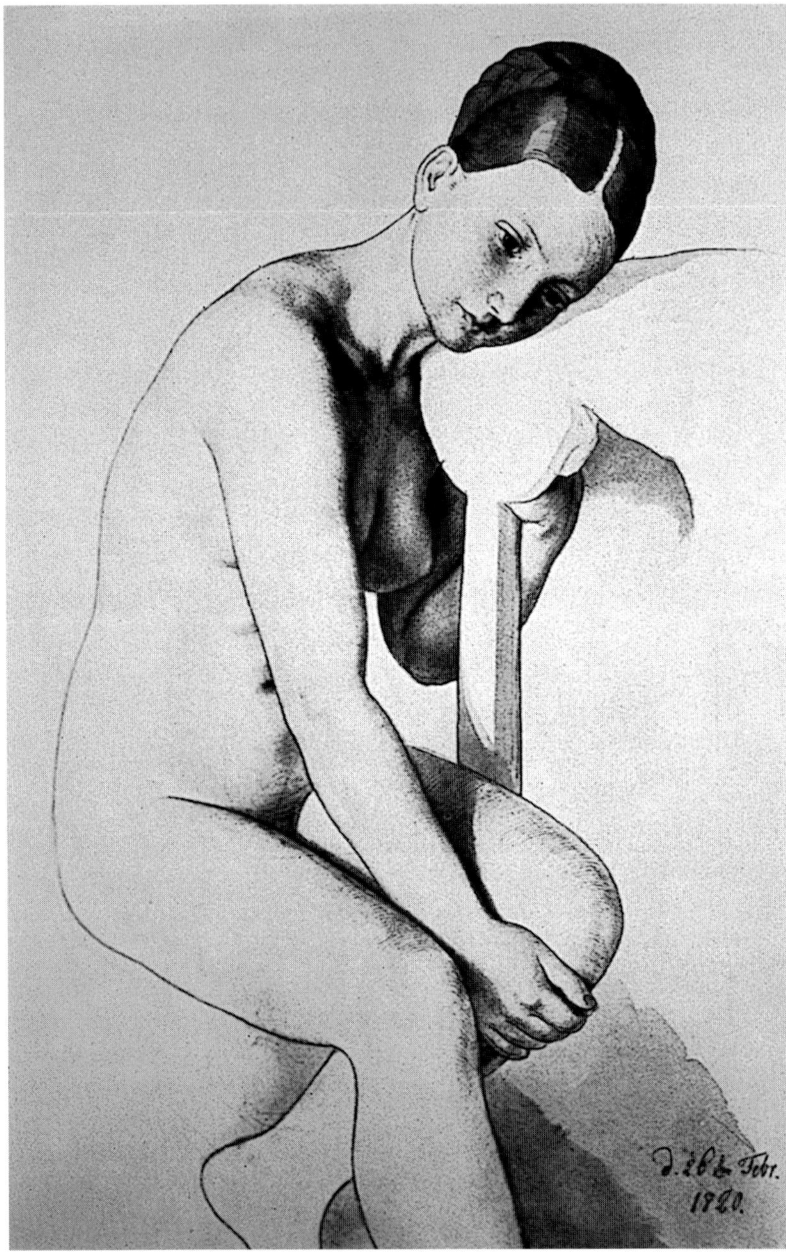

Römisches Modell, gezeichnet von Schnorr von Carolsfeld

bilder der beiden »Nazarener« Schnorr und Cornelius zeigen. Als der fromme Tiroler Koch die Studien seines Freundes Cornelius zum Thema »Diana und Aktäon« sieht, faßt er das

Die schönsten Frauen Roms (links im Bild), so geht ein Sprichwort, sind mit deutschen Malern (rechts) verheiratet

antike Drama zu einem grandiosen Gemälde mit den wohl attraktivsten Modellen der päpstlichen Residenzstadt zusammen. Und das Originelle und Sensationelle daran: Nicht das kleinste Fädchen bedeckt eines der zehn Mädchen.

Zu gerne weilt Ludwig auch in Gesellschaft der Frauen, Bräute und Geliebten der Künstler. Er sitzt mit ihnen in den Tavernen und bestaunt den feurigen Saltarello der feschen Römerinnen. Im Fasching läßt man kein größeres Fest aus. »Ich habe noch nie so viele schöne und zugleich geistreiche weibliche Gesichter vereint gesehen«, so schwärmt Arzt Ringseis von einem Karnevalsfest, das er mit Ludwig besucht. Und er fährt fort: »Einige, wie Raphael sie malte, von einer Schönheit und Innigkeit, daß sie Madonnen vorstellen könnten.« Man merkt, wie sich der bigotte Arzt von Ludwigs Schwärmereien anstecken hat lassen.

Zweifelsohne schätzt der Wittelsbacher seinen Medikus. Am Abend soll er aber brav sein Bett hüten. So gehören Ludwig die Nächte in den Ateliers und Séparées. Da erfüllt er sich

Eine Römerin tanzt vor deutschen Künstlern in einer Kneipe den Saltarello

einen Traum vom großen Glück. Zu zweit! Als man dem Bayern das bekannte Abschiedsfest gibt, will man das diplomatische Corps einladen, aber keine Damen. »Der Prinz verbat sich das Erstere und erbat sich die Letzteren«, berichtet die Berlinerin Henriette Hertz, die selbst zum Fest geladen ist. All die Schönheiten aus Fleisch und Blut veranlassen Ludwig immer wieder, zum Notizblock zu greifen und seine Gedanken niederzuschreiben. Witzige und spritzige Distichen fließen so aus seiner Feder. Über die »Unverheirateten Römerinnen« schreibt er: »Ob Jungfrauen ihr seyd, dies leuchtet aus eueren Augen; ward das Feuer genährt, hat es am besten gebrannt.«

Den verheirateten wie den ledigen Römerinnen widmet er die Zeilen: »Strahlen des himmlischen Lichts sind eure entzückenden Blicke, bringen den Himmel herab, bringen denselben ins Herz.« Und dieses Herz Ludwigs, das heute in der marianischen Gnadenkapelle Altöttings ruht, schlägt abgöttisch weiter für die südlichen Madonnen rund um den Vatikan. Wie freut er sich nach seiner Heimkehr 1818 auf eine erneute Begegnung mit ihnen!

Fleischliche Gelüste in der Fastenzeit 1821

Am letzten Karnevalstag vermittelt Paolina Borghese ihrem Liebhaber Ludwig die bildhübsche Marianna aus Perugia, die neun Monate später einen kleinen Ludwig gebiert

Das ist Ende Oktober 1820 ein Wiedersehen in Rom! Ludwig empfindet Angelina noch schöner als vorher. Doch da sucht wie ein Blitz aus heiterem Himmel die bekannteste Frau Italiens den Wittelsbacher heim: Fürstin Paolina Borghese, Schwester des verhaßten Napoleon. »Hätte ich sie und Louis aus Bayern nicht mit eigenen Augen sich umarmend gesehen, ich würde es nicht glauben«, schreibt der Chronist aus dem Hause Seguin di Napoli. Und Ludwig meint: »Hat auch lange Trennung uns getroffen, schwebet meine Seele doch bey dir.« Paolina ist gerade 40 geworden und hatte viele Männer. Als

Paolina Borghese aus Korsika, Ludwigs geheimnisvollste Liebschaft

Mit Paolina, einer Schwester Napoleons, vergleicht Ludwig eine der drei weltbekannten Grazien von Canova

ihr einmal der Weimarer Rat Goertz, ein Kollege Goethes, begegnete, meinte dieser, sie sei von allen ihm bekannten Frauen »die reizendste, aber auch die ausgelassenste« gewesen. Vor 13 Jahren zog sie sich vor dem Bildhauer Canova aus, um als Venus Modell zu stehen. Als sie gefragt wurde, wie es denn dazu kommen konnte, lautete ihre Antwort: »Mein Gott, ich ließ einheizen, ich konnte mich also nicht erkälten.«

Frieren muß bei der stets Liebenden auch Ludwig nicht. Wenn sie von ihm besucht wird, so erfährt Neffe Eugen in München, werden die Kammerdiener weggeschickt. Und Paolina schreibt, die deutschen Liebhaber seien die besten. Natürlich will Ludwig auch das sehen, was sie Canova einst gezeigt hat. Und so kann er feststellen, daß eine der drei weltberühmten Grazien des Meisters dem jetzigen Schwarm schon sehr ähnelt. Er hat sie noch vor wenigen Wochen im Schloß seiner Schwester Auguste Amalie zu Ismaning bestaunt. Wieder vergleicht er also ein göttliches Wesen mit seiner irdischen Geliebten.

So sehr sich Ludwig auch bemüht, seine intime Beziehung zu Napoleons Schwester zu verheimlichen, es soll ihm nicht gelingen. Klenze zum Beispiel kann er nichts vormachen. Dieser stellt nämlich etwas später fest, daß »das Verhältniß des Prinzen zu dieser Meßaline im Anfang unseres Aufenthalts nicht ganz ohne einigen Schein von Vertraulichkeit war«. Auf ihren »petits soiree's in der reizenden Villa Sciarra«, so berichtet der Architekt, »führte alte Bekanntschaft eine gewiße Vertraulichkeit herbei.«

Diese zeigt Paolina auch am 3. Februar 1821 (Faschingsdienstag), der für Ludwig einschneidende Konsequenzen hat. Ort des Geschehens: der Corso in Rom. Ludwigs Leibmedikus Ringseis ist am Puls der Zeit: »Die ci-devant (ehemals) sehr schöne kaiserliche Hoheit Paulina, von der man noch die Ruinen bewundert, hat sich gegen unsern Wagen, das ist gegen unsere Hoheit sehr gnädig gezeigt durch Zuwerfen besonders ziemlicher Kränzchen und Zuckersäckelchen.« Das hat zur Folge, daß der ganze Faschingsbetrieb stockt. Und Ludwig sieht urplötzlich »unter den Schönen eine der Schönsten, ganz im großen römischen Styl« (Ringseis). Die 18jährige Marianna Florenzi aus Schloß Colombella bei Perugia!

Jetzt geht der Vorhang auf zu einem langen und leidenschaftlichen Liebesdrama. Fast 400 Nächte liegt er an ihrer Seite, er schreibt ihr 3000 Briefe und Gedichte, läßt sie

Die Göttin Roma (links) setzt Ludwig mit seiner Mätresse Marianna Florenzi gleich. Ist es ein Zufall, daß sich beide Physiognomien so ähneln?

mehrmals malen, kauft ihr die schönsten Kleider und findet erstmals, was er immer gesucht: eine mit Hingabe gepaarte Bewunderung.

Schon am ersten Tag der Fastenzeit 1821 zeigt sich das Liebespaar öffentlich in einem Ristorante. »Ist gleich erloschen das Fest«, so schreibt Ludwig am Aschermittwoch, »glänzt im Gemüthe es noch.« Überall blühen in diesen Tagen die Mandelbäume und »die Zitronenknospen fangen an, sich zu öffnen«, schreibt die Frau des preußischen Gesandten, France Bunsen, Anfang Februar 1821. Und Ludwig stellt fest: »Selige Tage in Rom, ihr seyd mir die Blüthe des Lebens. Bin ich der glücklichste doch! Liebend geliebt zugleich.« Von Anfang an identifiziert er seine Geliebte mit der Stadtgöttin Roma. Welch schöner Klang! Sogar rückwärts gelesen, stellt der Münchner fest, hat der Name eine entzückende und beglückende Bedeutung: Amor!

Tag für Tag durchstreift man Rom, immer vergnügt und verliebt. Am Gründonnerstag küßt er in der Öffentlichkeit ihren roten Mund. Vor dem Vesta-Tempel am Tiberufer stellt er fest: »Für die Frauen, die treu, wärest in Rom du zu groß.« Da deutet Marianna auf ihren Schoß und teilt ihm etwas mit. Ludwig dichtet: »Was mir jetzt wird, ich kann es nicht verwehren, es fließet in das Leben neues Leben.« Und ein weiterer Vers: »Liebend leb ich und lern, säe und ernte auch Frucht.« Ende Oktober erblickt ein kleiner Ludwig (»Vico« gerufen) das Licht der Welt.

Ludwig weilt in dieser Zeit schon lange wieder in München. La primavera 1821, diesen strahlenden Frühling, wird er so schnell nicht vergessen. Doch jetzt überkommt ihn eine Sehnsucht ohnegleichen. »O! wie lieb ich dich«, ruft er aus. Und: »Lebe ich nur, denk ich, Geliebte, an dich.« Jedesmal, wenn er im Münchner Föhnhimmel die Alpen sieht, gipfelt sein Verlangen in dem Ausspruch: »Was uns beschäftigt, es ist Liebe und Liebe allein!«

Ludwig in Rom: Untertags oft mit Künstlern, abends immer mit der Geliebten unterwegs. Der Bayer (Bildmitte, den rechten Arm ausstreckend), mit Klenze, Thorwaldsen, Wagner, Catel usw. in der spanischen Weinkneipe

Endlich kann Ludwig nach 16 langen und bangen Monaten am 17. Oktober 1823 wieder nach Italien aufbrechen. Im Gefolge abermals Leibmedikus Ringseis, mit dessen hübscher Frau Friderike der Wittelsbacher kurz vorher ein Techtelmechtel hatte! Sie war in München »den lebhaftesten Huldigungen des Kronprinzen blosgestellt«, berichtet Klenze.

In Rom sind dann all die Huldigungen des künftigen Königs im Reich der Vergessenheit. Jeder Herzschlag gilt Marianna. Auch als sie Heinrich Heß Modell sitzt! Der Düsseldorfer hat offensichtlich Weisung, sie als Göttin Roma darzustellen. Das entsprechende Vorbild aus der Antike hat man schnell gefunden. Es zeigt das Himmelswesen mit zwei Stopsellocken, die auf die Stirn fallen. Genauso porträtiert Heß auch Marianna. Im Hintergrund seines Bildes trägt er die Silhouette Roms (mit St. Peter) auf. An die Seite setzt er die Hortensie, die japanische Rose der Liebe. Bekleidet ist die Freundin Ludwigs mit dem roten Kleid der Liebe, provokatorisch von oben nach unten etwas geöffnet.

Wie ein Lauffeuer verbreitet sich in Rom die Nachricht von diesem Gemälde (siehe Titelbild; heute Neue Pinakothek). Schnorr teilt den Vorgang sofort seinem Gönner Quandt mit, dessen Frau Bianca er als attraktive Dame mit Orangen im Hintergrund malt. Auch sie trägt das rote Kleid der Liebe. Über das Bild Mariannas berichtet Schnorr: »Man darf aber davon nicht reden, vielweniger kann man das Bild sehen.« Die ganze Geheimniskrämerei hört aber bald auf. Die Schönheitengalerie nimmt nämlich erste Konturen an.

Schnorr von Carolsfeld: Bianca Quandt

»Himmlische Schönheiten« – wie gemalt

Die ideale Frau hat für den bayerischen Kronprinzen Ludwig und den von ihm geförderten Malern immer und überall demütig, gefügig, jung und hübsch zu sein – Geist ist nicht gefragt

Besonders glücklich sieht Ludwigs Mätresse Marianna auf dem Bild von Heinrich Heß nicht aus. Etwas traurig starrt sie vor sich hin. Fast wie eine ihrer Freiheit beraubte Frau! Gefangen ist sie freilich schon, kommt sie doch von ihrem Ludwig nicht mehr los. Und sie ist glücklich! In ihren Briefen deckt sie ihn mit Liebeserklärungen nur so ein. Und er erwidert diese oft mit einem feierlichen Hosianna auf Marianna.

»Ich gestehe«, so berichtet Architekt Klenze, »daß ich vor dieser wahrhaft himmlischen Schönheit ganz ergriffen stehen blieb.« Und: »Augenscheinlich wuchs aber diese Liebe täglich

Colombella bei Perugia. In diesem Schloß vergnügt sich Marianna über Jahre hinweg mit ihrem Ludwig von und aus Bayern.

bis zu einem wahrhaft erschreckenden Grade und absorbirte für den Augenblick jedes andere Gefühl, jeden Pulsschlag und Athemzug.« Klenze weiter: »Es ist allerdings nicht zu leugnen, daß ein solches Leben in Rom für Jemand, der mit Gefühl, Bildung und offenem Sinn für Schönheit der Natur und Kunst begabt ist, wohl das Höchste genannt werden kann, was irdische Genüße darbieten können.«

Klenze liefert uns die besten Schilderungen über Ludwigs Leidenschaft und Liebeskraft. Aber auch andere Zeitgenossen sprechen davon. So lautet die Diagnose seines Leibmedikus Ringseis auf Herzensschmerzen. Er stellt nämlich von Anfang an ein »Huldigungsfeuer« seines Herrn fest, das »in hellen Flammen lodert«. Mit tiefem Bedauern muß der eifrige Katholik Ringseis mit ansehen, wie die flotte Marianna und ihr bayerischer Kronprinz in Rom nicht nur vergnügten Sinnes die Tiberbrücken überschreiten, sondern auch moralische Grenzen. Für Ludwig ist eben in diesen Wochen alles greifbar – der Himmel und sein schönster Engel.

»Wunderbar ist Roms Wirkung auf meine Gesundheit, auf mein ganzes Wesen«, teilt er seiner Schwester Charlotte, der österreichischen Kaiserin, mit. Und er fügt hinzu: »Nicht die Luft allein macht es.« Daß er mit »Roms Wirkung« seine Göttin Roma meint, die er berühren und verführen kann, wann immer er will, verschweigt er natürlich. Die Briefempfängerin weiß aber über das Wiener Agentennetz bestens Bescheid.

Zu gerne würde das bekannteste Liebespaar Roms für immer in der Ewigen Stadt bleiben. Ludwig graust es vor München und Therese, seiner Freundin vor Schloß Colombella bei Perugia und ihrem senilen Mann. Dabei schwärmt die Begleitung des Wittelsbachers von Mariannas idyllischem Landsitz. Ringseis begutachtet es einmal und schreibt: »Das Gut lag in wunderlicher Gegend; rings fast so weit das Auge reicht, sanfte, allenthalben mit Korn, Oliven und Reben bewachsene Hügel.« Doch was vermögen diese Früchte gegen die in voller Blüte stehende Liebe der jungen Schloßherrin?

In Rom himmelt aber nicht nur Ludwig seine Marianna an. Eine zweite Schönheit traf ein! Die Künstler wallfahrten zu einem Mädchen, das sich schnell zum Topmodel entwickelt: zur Winzerstochter Vittoria Caldoni aus dem nahen Albano. Frau von Reden aus Hannover nahm sie schon 1820 in ihr Haus, die Villa Malta, auf. »Eine Schönheit, so vollkommen, wie seit Menschengedenken hier nichts gesehen war«, so urteilt der ebenfalls aus Hannover stammende Kunstsammler August Kestner und fügt hinzu, daß ihr »Ruhm bald fast europaweit wurde«.

Unter den über hundert Künstlern porträtieren sie auch Heß, Overbeck und Schnorr. Letzterer berichtet uns auch, daß Ludwig zeitweise ganz angetan von der schönsten Tochter des Landes ist. Der Wittelsbacher überreicht dem Maler, den er bald nach München holen soll, »ein sehr ansehnliches Geschenk« für die junge Vittoria.

Das Bild Overbecks hängt heute ebenfalls in der Neuen Pinakothek – neben seinem Meisterwerk »Italia und Germania«, mit dem der Künstler genauso lange braucht wie Senf mit der »Blumenwinderin«. 1828 sind beide Bilder endlich fertig. Die beiden Mädchen Overbecks, die Italien und Deutschland symbolisieren, treffen

Ideale Schönheit: Vittoria Caldoni aus Albano

Ludwig: »Wunderbar ist Roms Wirkung«

Italien und Deutschland 1828 und 1998. Das Bild von Overbeck (oben) zeigt den sanftmütigen Frauentyp von damals. Welch ein Kontrast zu den jungen, selbstbewußten und fröhlichen Frauen (links Kirsten aus München und Roberta aus Rom) heute!

haarscharf den Männergeschmack der Zeit. Sie schauen sich sanft- und schwermütig an. Geist ist nicht gefragt, dafür Gehorsam und Gefügigkeit. Eine Gegenüberstellung mit Mädchen aus Rom und München heute zeigt eindrucksvoll den Wandel vom »zweyten Geschlecht«, wie man damals sagt, zur (inzwischen schon erheblich fortgeschrittenen) Gleichstellung um die Jahrtausendwende.

Erlauchtes Haus mit vielen Frauenzimmern

Nach seiner Thronbesteigung huldigt Ludwig I. nach wie vor seiner italienischen Mätresse Marianna, hofiert aber zu Hause Charlotte und Katharina, zwei Damen der Hofbühne

Als Kronprinz Ludwig am 6. Juni 1824 wieder aus Italien zurückkommt, erkennt ihn sein dreijähriger Sohn Luitpold, der nachmalige Prinzregent, nicht mehr. Mutter Therese weint. Sie beklagt nicht nur »seine lustigen Seitensprünglein«, wie sich ihre bürgerliche Freundin Auguste Escherich ausdrückt, sondern sein fehlendes Unrechtsbewußtsein. Aber sie kann eben nicht lange schmollen. Im September wird sie erneut schwach, empfängt ihn abends und abermals Nachwuchs.

Doch dann ist Ludwig wieder weg – bei seinem neuen Gspusi, der schönen Münchnerin Nanette Steiner. »Ein ganz gemeines Weibsbilde« nennt sie Klenze, die »Schönste, die geboren« dagegen Ludwig. Niemand könne ihr das Wasser reichen, sagt der Wittelsbacher. Und dann quillt er über mit seinen Schwärmereien. »Niemals kann ich von dir scheiden, kann ich scheiden denn von mir?« Er fügt und lügt hinzu: »Du gehörest mir, ich dir!« Dann schreibt »der Liebende an die Liebende« den Reim: »Der Unterschied des Standes ist verschwunden, wenn sich zwey Herzen liebevoll gefunden.«

Kaum sind diese Zeilen trocken, weinen die Bayern um ihren König Max, der am 12./13. Oktober 1825 in Nymphenburg gestorben ist. Jetzt besteigt sein Sohn den Thron und seine Nanett ein anderes Bett. Als Ludwig von ihrer Untreue erfährt, schickt er ihr ein Andachtsbuch des Regensburger Weihbischofs Sailer. In der Widmung behauptet er: »Die meisten Männer suchen zu verführen, verwandeln Lust in Schmerz.« Doch sie kennt einen Jüngling, der ihren Liebesschmerz in Lust verwandeln kann. Ein Stichwort, das sicher nicht im Gebetbuch steht!

Nach diesem gottserbärmlichen Bekenntnis verläßt Ludwig plötzlich im Mai 1826 seine hochschwangere Frau und reist zum Schloß Colombella zu seiner Marianna. »Die Königin ist davon schmerzlich berührt«, schreibt der französische Ge-

Grabmal des Bischofs Sailer im Regensburger Dom. Seinen Verflossenen schenkt Ludwig gerne ein Gebetbuch des Oberhirten, mit dem der König befreundet ist.

Mit Marianna (rechts) macht Ludwig gerne Ausflüge in die Umgebung ihres Schlosses Colombella. So sieht der Bayer erstmals mit ihr den ehemaligen Minervatempel in Assisi.

sandte Cyprey nach Paris. Metternich in Wien erfährt aus München von »einer Schäferstunde auf der Villa einer italienischen Dame«. Ein Agent des Kirchenstaates sieht Marianna und Ludwig in Assisi. Aber nicht beim heiligen Franziskus, sondern vor dem ehemaligen Tempel der Minerva! Sie ist praktisch mit Roma identisch, die er ja immer wieder mit Marianna vergleicht. Ludwig meint, was er erleben darf, ist sonst nur Göttern vergönnt.

Genau ein Jahr später sieht Schloß Colombella wieder den Bayernkönig. Therese ist diesmal so empört, schreibt der preußische Gesandte Knobelsdorff nach Berlin, daß sie ihrem Mann »eine sehr lebhafte Szene« macht und kategorisch erklärt, »daß bei der stadtkundigen Ursache der Reise des Königs nach Italien – dessen Neigung für die Gräfin Florenzi – es ihr unmöglich sein würde, hier in München während dieser Zeit zu bleiben«. In Italien freilich verfällt seinem Charme nicht nur eine Sünderin, sondern auch Papst Leo XII., der vor 25 Jahren lange in München und Ismaning weilte und jetzt in Rom »den König im Gasthause besuchte« (*Augsburger Abendzeitung*).

Schleimer und Schleicher benetzen und verletzen nun die Ehre der armen Therese, die am 8. Juli 1827 ihren 35. Geburtstag feiert. Der Sommer ist dann eine wahre Katastrophe, in Brückenau und in München. Dennoch schenkt sie in einer heute unvorstellbaren Untertänigkeit wieder ihrem Mann ihre Liebesgunst und dann ihrem letzten Kind (Adalbert) das Leben.

Da geht Anfang 1828 im Hoftheater der Stern der 19jährigen Charlotte von Hagn auf. Als Thekla in »Wallensteins Lager« begeistert sie Ludwig, der sofort zu ihr in die Garderobe eilt und sie zu erobern sucht. Zwischen Widerstreben und Nachgeben, zwischen »Wallensteins Lager« und Wittelsbachs Liege oder kurz danach platzt diese Liebschaft aber aus einem uns unbekannten Grund.

Charlotte von Hagn als Thekla (links) in »Wallensteins Lager« (von Schiller) und im Kreis der Münchner Schauspielertruppe

Welche Ähnlichkeit! Katarina Vespermann (links) vergleicht der Bayernkönig gerne mit einer Vestalin (rechts). Wahrscheinlich deswegen, weil die Mätresse in der Spontini-Oper »Die Vestalin« so glänzt!

Jetzt spielt Charlotte die Widerspenstige – nicht nur auf der Bühne. »Es blieb bei ihr Hopfen und Malz verloren«, erzählt Klenze, der auch verrät: »Sie ward bewundert, geliebkost, gemalt und besungen und dann wieder bekehrt.« Stieler malt sie noch für die Schönheitengalerie. Das Bild fällt wegen seiner Vortrefflichkeit so sehr aus dem allgemeinen Rahmen, daß es Ludwig noch im Mai 1828 nach Weimar schicken läßt, um Goethe für ein Porträt zu gewinnen. Dessen Freund Eckermann notiert am 6. Juni dieses Jahres: »Goethe gewährte darauf Herrn Stieler alle gewünschten Sitzungen und sein Bild ward nun vor einigen Tagen fertig.« Das Kunstwerk (Neue Pinakothek) ist heute weltbekannt. Charlotte zerkracht sich indes mit dem Landesherrn immer mehr, auch als er ihr seine ganze »Ungnade« androht. Doch diese nimmt sie in Kauf und zum Anlaß, München zu verlassen. Ihr soll in Berlin und Petersburg eine Traumkarriere bevorstehen.

»Von ihr«, womit Klenze die Hagn meint, »warf sich die Leidenschaft des Königs wieder auf eine Sängerin Katharina Vespermann.« Sie ist am Theater unbestrittene Primadonna und gibt auch bei Ludwig den Ton an. »Eine auffallend schöne und elegante Frau« nennt sie der Kunsthistoriker Pecht. Als Königin der Nacht (Zauberflöte) ist sie Tagesgespräch. Ebenso als Julia (Die Vestalin)! In dieser Spontini-Oper (die Maria Callas in unserem Jahrhundert wieder populär gemacht hat) kann sie Ludwig nicht oft genug hören. Als Vestalin läßt sie sich auch malen. Das antike Urbild gleicht der Sängerin wie aus dem Gesicht geschnitten.

Was ist das jedesmal für eine Szene, wenn der König seine Mätresse aus der Garderobe holt und sie in das nächtliche München entführt! »Herrscherin im Reich der Töne«, nennt er sie. »In des Liebesgotts Gebiet voller Anmuth bist du, Schöne, die entzückt das Auge sieht.« Zu Hause in seiner Familie läßt er sich überhaupt nicht mehr sehen. So sehr huldigt der Monarch seiner Königin der Nacht.

Als Ludwig 1830 aber wieder zu Marianna nach Italien reist, klingt das Duett in München aus. Er schenkt Katharina ein Gebetbuch des Bischofs Sailer und schreibt ihr in seiner heiligen Einfalt hinein, daß die Sünden gegen das sechste Gebot niemals mehr ungeschehen zu machen sind. »Die Unschuld kann das Herz nie mehr erlangen.« Die schöne Kurtisane legt das Buch beiseite – und ein neues Kapitel ihres Lebens mit dem Bruder des Königs, mit Prinz Carl, beginnt für sie. Bald aber auch Ende und Wende in Ludwigs Lotterleben!

Wenn nicht in Rom, so feiert Ludwig (links mit hohem Hut) zu Hause in München den Fasching nach römischer Art

Diktator in Staat und Familie

Während Ludwig I. überall schönen Frauen huldigt, tyrannisiert er in seinem Königreich unbescholtene Bürger und zu Hause seine Frau Therese und Schwester Auguste Amalie

Bis 1830 ist König Ludwig I. im großen und ganzen ein liberaler und liebenswürdiger Fürst. Doch dann befürchtet er, daß der Funke der Juli-Revolution in Paris auch nach Bayern überspringt. So beschränkt er hastig die wenigen Freiheiten im Königreich. Ende 1830 setzt eine gnaden- und gedankenlose Hetze auf Andersdenkende ein. Ein alter Jugendfreund wie der Würzburger Bürgermeister Behr und viele seiner Gleichgesinnten, die nur sagen, was sie denken, müssen hinter Schloß und Riegel. »Der unleidlichste Polizeidruck lastet auf der Stadt«, schreibt der Kunsthistoriker Pecht 1833 bei seiner Ankunft in München. Ludwig verwandelt Bayern in eine Diktatur. Man darf und soll das angesichts der Alten Pinakothek und jungen Mätressen nicht vergessen!

Selbstverständlich hat auch im Königshaus das zu geschehen, was er befiehlt. Vor allem die Frauen unterdrückt er, wann immer sich die Gelegenheit bietet. Königin Therese, die er wie ein dummes Gänschen behandelt, sitzt in einem goldenen Käfig gefangen. Nur ein einziges Opfer bringt sie nicht, die von ihrem Ehemann heftig verlangte Konversion zum katholischen Glauben.

Die Gemeinheiten Ludwigs gegen Therese nehmen einmal solche Ausmaße an, daß der inzwischen 19jährige Sohn Max, der spätere König Maximilian II., beim Mittagstisch den Degen zieht und auf den Vater losgeht. Das ist im Juni 1831! Von jetzt an herrscht in der Residenz der rauheste Ton, den man sich vorstellen kann.

Zu unerträglichen Spannungen kommt es auch immer wieder mit seiner um zwei Jahre jüngeren Schwester Auguste Amalie, einer gefeierten Schönheit, die seit dem Tod ihres Mannes Eugen 1824 im Münchner Leuchtenbergpalais (heute Finanzministerium) und in ihrem Ismaninger Sommerschloß wohnt. Energisch verwehrt er ihr zunächst die bayerische Königskrone in ihrem Wappen, was völlig unverständlich ist. Denn Auguste Amalie allein und nur ihr allein verdanken

Auguste von der Pfalz, erste Frau des Bayernkönigs Max I. Joseph, mit den gemeinsamen Kindern Auguste Amalie und Ludwig

(wegen ihrer Heirat mit Eugen, dem Stiefsohn Napoleons) die Wittelsbacher diese Krone.

Als Ludwig aber 1828 ihren Kindern den Zutritt zu offiziellen Festen in der Residenz verbietet, redet die schöne Schwester an Weihnachten mit Engelszungen auf ihn ein, den Frieden in der Familie doch wieder herzustellen. »Der Schmerz einer Mutter ist schrecklich«, schreibt sie. Ludwig berührt dieser Kummer nicht im mindesten und spielt seinerseits die gekränkte Unschuld. Die Schwester bekommt nie eine Antwort von ihm.

Auguste Amalie, wenig geliebte Schwester Ludwigs I., Besitzerin des Schlosses Ismaning und Schwiegertochter Napoleons

1829 wird er dann noch gemeiner. Auguste Amalie kann stolz verkünden, daß ihre 17jährige Tochter Amelie den brasilianischen Kaiser Dom Pedro heiratet, also Kaiserin wird. Für den König ist das alles Firlefanz ohne wahren Glanz. Die Schwester trifft diese Abwertung so tief, daß sie ihre Meinung über Ludwig nicht mehr zurückhält. Ihm selbst schreibt sie: »Ich bekenne öfter, dass ich nur mit tiefer Betrübniss sehen konnte, wie mein Kind in dem Lande meines Bruders nicht der geringsten der Aufmerksamkeiten gewürdigt wurde, welche ihr fremde Souveräne bezeugen.«

Ist ein Kind der Auguste Amalie dann wirklich einmal zu Ludwigs Tisch geladen, verzehrt sie abermals der Gram. Während nämlich sonst Besteck aus Gold aufgelegt wird, erhält ihr Nachwuchs nur eines aus Silber. Als Auguste Amaliens jüngste Tochter Theudelinde heiratet und zum Hochzeitsessen gebeten wird, macht Ludwig nicht einmal jetzt eine Ausnahme von der Diskriminierung. Für das Brautpaar nur Silber, sonst Gold, befiehlt er.

Fast zu einem Eklat kommt es, als der jüngste Sohn der Auguste Amalie, Max von Leuchtenberg, mit seiner Frau, der Zarentochter Marie, in der Residenz speist. Die Russin erhält Gold, der neben ihr sitzende Ehemann nicht! Auguste Amalie, so entnehmen wir ihrer Korrespondenz, weint viel über Lud-

Theudeline, Nichte Ludwigs I.

wigs Bösartigkeit, die jedesmal noch gesteigert wird, wenn ihm die Schwester ihre Heirat als Opfer für das Haus Wittelsbach vorhält.

Da ist es auch kein Trost, wenn Auguste Amalie erlebt, daß der Bruder nicht einmal mit seinen eigenen Kindern auskommt. Kein Wunder, er geht mit ihnen genauso rabiat um wie mit deren Mutter Therese. Sein Sohn und Nachfolger Maximilian braucht noch als Volljähriger vom Vater »die Erlaubniß auf Freyersfüßen, zur Beschauung der Töchter der Länder eine Reise unternehmen zu dürfen« (Originalton Ludwig). Seinem Minister befiehlt er, den Filius regelrecht anzulügen.

Am ehesten versteht sich der König noch mit seiner jüngsten Tochter Alexandra. Doch sie ist ein Scheusal wie bisweilen auch er. Über den großen Sprachforscher Schmeller, der aus einfachen Verhältnissen stammt und mit seinem »Bayerischen Wörterbuch« in Deutschland der Erforschung des Sprach- und Brauchtumsgutes den Weg bahnt, sagt sie verächtlich, er hätte besser »bei seinem Stand« bleiben sollen. »Denn zu nichts Anderem berechtigt ihn seine Geburt.«

Nur auf eine Frau läßt Ludwig nichts kommen. Auf seine Mutter Auguste! Aber sie ist auch längst nicht mehr am Leben. An ihrem 30. Todestag dichtet er am 30. März 1826: »Es hat die Erde heut vor dreysig Jahren der Frauen schönste, herrlichste verloren.« Viel ist über »die schöne engelhafte Prinzessin von der Pfalz«, wie sich die preußische Königin Luise ausdrückte, geschrieben worden. Sie war unzweifelhaft eine der feschesten Frauen der Zeit. Freilich, der Fürst von Nassau hielt sie für »nicht zurechnungsfähig«.

Übrigens! Genauso verrückt stuft Heinrich Heine, in jener Zeit nach Goethe der bedeutendste Dichter Deutschlands, ihren ältesten Sohn Ludwig ein. Als in München die Schönheitengalerie allmählich Gestalt annimmt, spottet Heine über den Wittelsbacher:

Kaiserin Amelie von Brasilien, Nichte Ludwigs I., im Kaisersaal von Ismaning

»Er liebt die Kunst, und die schönsten Fraun,
Die läßt er porträtieren;
Er geht in diesem gemalten Serail
Als Kunsteunuch spazieren.«

Am liebsten würde Ludwig diesen Heine einsperren, so wie die Mörder und Strauchdiebe. Weil er aber seiner nicht habhaft werden kann, verbietet er seine Bücher. Und so hat in der vielgerühmten Kunststadt München nur ein einziger Bewohner die Werke des Verfemten: Herzog Max in Bayern, der Vater der nachmaligen Kaiserin Elisabeth (»Sissi«) von Österreich.

Ludwig I., von hübschen schwebenden Frauen glorifiziert. Von den Frauen seiner Familie wird er jedoch wenig geschätzt

Kein »sündiges Zusammenleben« mehr mit Marianna

Nachdem König Ludwig I. seine langjährige Mätresse aus Perugia verloren hatte, tröstet er sich in München mit der Engländerin Janthe und dann auf Ischia mit der Münchnerin Luise

1830 hat Ludwig die beste Ausrede, wieder zu seiner Mätresse Marianna in den Süden zu ziehen und fliehen. Ihn plagen nämlich schmerzhafte Flechten am Knie, die er in den berühmten Bädern von Ischia loswerden will. Marianna reserviert dort frühzeitig ein passendes Haus. Als am 24. Mai der Urburschenschaftler Karl August Hase auf Ischia ein Quartier sucht, muß er feststellen: »Die Zimmer über dem Meer hat uns dieses Mal ein anderer Schriftsteller und schöner Geist aus dem Vaterland weggenommen, der König von Bayern, der morgen nach Ischia geht. Seine Geliebte ist schon voraus.«

Als Hase dies schreibt, kann Ludwig das Wiedersehen schon nicht mehr erwarten. Auf der Überfahrt am Tage danach dichtet er: »Siehe, Geliebte! das Meer, endlos da liegts vor den Blicken – Endlos, wie solches, so ist unsre Anhänglichkeit auch.«

Kaum ist er mit der Fähre gelandet, erleidet seine große Liebe aber einen gewaltigen Schiffbruch. Alles, was Marianna diesmal in ihrer Suite enthüllt, ist das Geständnis, eben unten im Fischerdorf dem Dichter Tommaso Gargallo ins Netz der Liebe gegangen zu sein und ihn nicht lange habe zappeln zu lassen. Ludwig schnappt nach Luft. Dann, so berichtet er, schwimmen beide nach sovielen gemeinsamen Erlebnissen in einem Meer von Tränen.

Am nächsten Tag erhält Marianna einen Brief vom ausgebooteten Liebhaber: »Ich habe mich schweren Herzens entschlossen, für immer auf die illegale Beziehungen zu Dir, Du über alles Anziehende, zu verzichten.« Nur ihre Offenheit habe ihn dazu gebracht, »das sündige Zusammenleben mit Dir aufzugeben«. Und wie stellt dies die Zeitung zu Hause dar? »Von allen Seiten wird uns gemeldet, daß Seine Majestät nie wohler und heiterer gewesen« (*Augsburger Abendzeitung*).

Die Heimreise gleicht einer Höllenfahrt. Er soll nie wieder Mariannas Leib, ihr Körperhaar spüren und berühren.

Janthe Ellenborough (links) erinnert Ludwig an die antike Liebesgöttin Venus (rechts bei ihrer Landung)

Ein langes Jahrzehnt hat er bei ihr in Colombella und Rom Unterschlupf gefunden, jetzt gewährt sie ihre Wärme einem dahergelaufenen Poeten. In München ruft er völlig gestört und am Boden zerstört aus: »Arrivederci amore mio!«

Doch das Leben (und Lieben) geht weiter. 1831 trifft Ludwig in seiner Residenzstadt die 24jährige Janthe Ellenborough aus London. »Du, die ein Opfer der Liebe geworden, du wirst mich verstehen«, schreibt er. Alle Welt bewundert oder verdammt sie, die wegen ihrer vielen Ehebrüche von ihrem Mann geschiedene Tochter des Seehelden Henry Digby. Die große Schauspielerin Karoline Bauer, Mätresse des künftigen belgischen Königs, nennt sie »eine verführerische Schönheit«.

Geradezu aus dem Häuschen gerät Architekt Klenze bei der ersten Begegnung. Er vergleicht sie allen Ernstes mit einer »gleichsam den Fluthen des Meeres wie Aphrodite Anadyomene (= Venus aus dem Meer) entstiegene Schönheit«. Auch

Die Glyptothek: Treff- und Tummelplatz von Janthe und Ludwig

Ludwig fühlt so. Als er sie von Stieler für seine Schönheitengalerie porträtieren läßt, kommt er auf die Idee, hinter ihrem Oberkörper einen Meeresbusen malen zu lassen, den Geburtsort der Venus eben. Und die 23jährige macht der antiken Liebesgöttin alle Ehre.

Wie gut tut es dem Wittelsbacher, als sie »meine Hand an ihr Herz drückte«. Dann dichtet er: »Weil ich dich kenne, darum kann ich verdammen dich nicht.« Als ihr ein Bekannter des Königs arge Vorwürfe macht, antwortet die Engländerin cool: »Wenn es durch Zufall eines Tages wirklich passieren sollte, daß sich ein Mann mir nicht nähert, dann bekäme ich so starke Kopfschmerzen, daß ich sterben würde.« Auch Klenze hört dies und meint: »Es ist schwer zu glauben, daß sie sich dem Könige gegenüber immer mit dem schönen Vergnügen der unsündigen Liebe begnügt hat.«

Natürlich will Janthe Abbilder ihres Vorbildes Venus sehen. Ludwig zeigt

Regina Daxenberger, die hübsche Frau des Sekretärs Ludwigs I.

Ischia, das Liebes-Eiland des Königs Ludwig und der Freifrau von Härtling

ihr Stiche aus Italien und führt sie in die Glyptothek. »Ewig unvergeßlich wird mir dieser Aufenthalt sein«, schreibt er. Als sich die schöne Engländerin dann von ihm und München verabschiedet, besucht er seinen Prachtbau am Königsplatz erst wieder nach Wochen. »Ich dachte der Zeit, als ich mit Janthe in derselben«, notiert er melancholisch in sein Versbüchlein.

Mitten in seinen Schwärmereien zieht es Ludwig gegen alle Vernunft abermals zu Marianna. Doch der Besuch in Colombella wird zur Katastrophe. Die jetzt 30jährige versagt ihm jede Annäherung und wirft ihm sein Verhältnis mit Janthe vor. Er habe ihr, Marianna, doch versprochen, »keine Untreue gegen seine Gemahlin *mehr* zu begehen«, faucht sie ihn an. So reist der für sie überflüssige Wittelsbacher mit Fahrmbacher, seinem Sekretär, ziemlich frustriert nach Ischia weiter. Ludwig wird schwermütig und preist seinen Begleiter glücklich. Dieser ist nämlich seit kurzem mit einer der schönsten Münchnerinnen verheiratet, mit Regina Daxenberger (21), die Ludwig kurz vorher von Stieler für die Schönheitengalerie konterfeien ließ.

Doch auch auf der kleinsten Insel kann man das große Glück finden. In seiner aussichtlosen Lage steht er kurz nach seiner Ankunft auf Ischia vor einer nach Geselligkeit dürstenden Schönheit, der 25jährigen Luise von Härtling, einer wahrhaft lustigen Witwe aus München. »Sehnen will ich und schwärmen und träumen«, schreibt er. Dann widmet er der Geliebten ein ganzes Gedicht: »Der anmuthsvollen Unschuld Rosenschimmer verkläret dich.« Und weiter: »Nur was du bist, erscheinst du, Holde, immer.«

Schon im nächsten Jahr will man sich wiedersehen. Da hört Ludwig, zu Hause in München, daß es in Italien um Lady Ellenborough sehr einsam geworden sei. Doch man soll sich nie mehr wiedersehen. Noch einmal eine beschwerliche Reise dafür nach Colombella zu Marianna Florenzi!

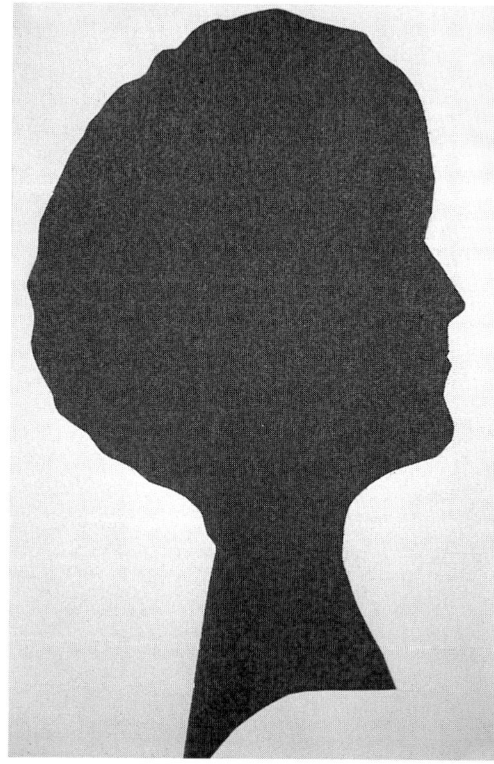

Luise von Härtling, die große Liebe für wenige Tage

Ludwigs Devise: Liebe scheut keine Reisestrapazen

Silberne Hochzeit im Arm eines Goldkindes

Nach einer Affäre mit einer Münchner Arzttochter findet Ludwig I. diese ab und flirtet mit seiner eigenen Nichte Caroline und dann mit der berühmten Schauspielerin Marie Denker

Im Sommer 1833 versucht Ludwig ein letztesmal auf Colombella, die Gunst der Florenzi zurückzugewinnen. Sie erweist dem König zwar alle Ehr, aber nicht mehr. Der Ofen ist also endgültig aus, und Ludwig kocht vor Wut. Er fühlt sich verletzt und verläßt sie sofort wieder. Nach langen Ferien in Brückenau, Berchtesgaden und Tegernsee reist er erst Ende Oktober wieder nach München. Kurz darauf bezeichnet ihn Georg Büchner im *Hessischen Landboten* als »Schwein, das sich in allen Lasterpfützen von Italien wälzte«.

Es geht ihm jetzt naß ein, nicht von den »Lasterpfützen«, der Wittelsbacher jammert vielmehr über seinen sinkenden Einfluß auf die Damenwelt. In seiner Residenz klagt er ständig über die »unerträgliche Herzens-Öde«. Da sieht man ihn plötzlich mit einer blutjungen Münchnerin. Mit Mademoiselle Speth, dem Töchterlein des Stadtarztes Dr. Franz Speth, der in der Rosengasse seine Praxis hat! Wir wissen nicht viel von dieser Münchnerin, mit der er viele »süße Stunden« erlebt, wie uns Architekt Klenze mitteilt, und die offensichtlich bald Mutterfreuden entgegensieht. Ludwig verheiratet sie jedenfalls schnell mit einem seiner Finanzbeamten. Doch die Frau will Alimente. Und so quält sie »den König mit unaufhörlichen Geldforderungen«. Da Ludwig immer wieder nachgibt, macht ihr Mann, des Königs Beamter immerhin, »endlich einen bedeutenden Angriff auf seine Kaße« (Klenze).

Während Ludwig noch fleißig zahlt, rechnet er mit der Gunst einer anderen. Er bildet sich 1834 die 19jährige Caroline von Holnstein ein, die nicht nur schön und sehr reich ist, sondern auch ständig ihren doppelt so alten Ehemann betrügt. Der König hat sie im Dezember 1833 im Odeon kennengelernt, läßt sie Anfang 1834 für die Schönheitengalerie von Stieler malen und erwartet jetzt von ihr die Heilung seiner Herzenswunde.

Caroline von Holnstein, Nichte und Schwarm des Königs

Prinz Carl, Bruder Ludwigs I. und illegitimer Vater der Holnstein

Tatsächlich zeigt sich die betuchte Frau nicht zugeknöpft und läßt sich vom König bewundern. Zu Gunsten des Galans muß man annehmen, daß er vielleicht anfangs nicht weiß, wer dies herrliche Geschöpf seiner Liebe unter Münchens weiß-blauem Himmel wirklich ist. Caroline kam am 8. Mai 1815 auf dem Gut Fronberg bei Schwandorf als illegitime Tochter der Sophie Petin zur Welt. Schnell wurde sie als Freiin von Spiering legitimiert. Und das hatte seinen Grund. Der Vater des Kindes ist nämlich Prinz Carl, der jüngere Bruder Ludwigs.

Jetzt, 1834, hört das Versteckspiel urplötzlich auf. Prinz Carl heiratet seine Sophie, die zur Freifrau von Bayrstorff erhobene Geliebte. Das heißt, nun ist Ludwig offiziell der Onkel der 19jährigen Schönheit. Diese verworrene und im Münchner Adel heftig diskutierte Situation nützt sofort ein 32jähriger Oberleutnant à la suite, also ein Hofoffizier Ludwigs, spornstreichs aus. Wilhelm von Kuensberg! Er entführt die junge Frau – »und ihr Gemahl (Holnstein) konnte sich nun gemeinschaftlich mit ihrem verlassenen Geliebten (Ludwig) trösten«, wie Klenze spottet.

Im Königshaus herrscht wieder einmal dicke Luft, Ludwig heult wie ein Schloßhund. Erst am Starnbergersee gerät sein erregtes Gemüt wieder in ruhigeres Fahrwasser. Doch da stellen sich zu allem Überfluß neue Sorgen ein. Er ärgert sich mit dem Landtag und vor allem mit der griechischen Regierung seines Sohnes Otto herum. Einmal dreht er total durch. Bei Blitz und Sturm macht er »eine Spazierfahrt auf dem Starnberger See, um dieses großartige Schauspiel der Natur recht anschaulich zu genießen« (*Augsburger Abendzeitung*). Das alles brauchen sein Bruder Carl und seine Frau nicht. In ihrem Starnberger Palast hoch über dem See genießt vor allem Sophie die letzten Sommer ihres kurzen Lebens ohne größeres Gewitter.

Die Starnberger Villa des Prinzen Carl und seiner Frau Sophie, Eltern der Holnstein

Ludwig und Therese im Jahr ihrer Silbernen Hochzeit; Stich wahrscheinlich vom zweiten Mann der Holnstein (Wilhelm von Kuensberg).

Von einem königlichen Reiter, der von Berg nach Starnberg sprengt, erfährt sie, daß ihr hoher Schwager abermals nach Italien einspannen läßt. Dort verbringt er den Herbst 1834 erstmals ohne eine Geliebte. Er ist jetzt 48 Jahre alt und denkt in der Villa Malta an gottselige Stunden mit Angelina und Marianna. Nichts gefällt ihm mehr. »Rom ist das herrliche noch, es ist das nämliche. Blos, nur ists verändert«, klagt er. »Natur und Kunst sind noch reizend verschlungen, aber die Seele sie fehlt, Liebe, du fehlst mir in Rom.«

1835 reist er wieder nach Berg. Ohne Lieben ist kein Leben, meint er. Therese mag ihn längst nicht mehr

Marie Denker, Schauspielerin aus Hamburg

und zieht nach Nymphenburg. Doch nach Bad Brückenau begleitet sie ihn wieder. Im Herbst soll ja schließlich einvernehmlich die Silberne Hochzeit gefeiert werden. Zunächst lehnt er dies ab, da auch »mein verewigter Vater« dies Fest nicht begangen hatte. Doch er fürchtet die Gerüchte im Volk und lenkt ein. Therese empfindet alles so peinlich, daß sie von schmerzlichen Monaten spricht.

Am Hochzeitstag selbst und in den anschließenden Wochen überrascht er zwar seine Frau mit ein paar netten Worten, sie ihn aber bei einem Rendezvous mit der populären Schauspielerin Marie Denker. Die 25jährige, gerne »Goldkind« genannt, erliegt seinem Werben. Endlich fühlt sie sich als Frau und frei, bekennt sie.

Therese schämt und grämt sich unendlich. Da greift sie zur Feder und schreibt ihrem rücksichts- und skrupellosen Mann: »Noch ein Wort über den Besuch von Madame D(enker). Ein Wunsch nur blieb aus vergangenen Erfahrungen mir zurück, ja er ward zum täglichen Gebete, daß Du nämlich nie mehr die Dir unentbehrliche Erheiterung im Umgange mit einer Schauspielerin suchen mögest.« Vor Verzweiflung, so klagt sie weiter, fürchtet sie, »blind zu werden und so vermochte ich es nicht, ohne Bitterkeit, mir sonst fremd, an Madame D(enker) zu denken«.

Als Ludwig diese Zeilen liest, hat er Thereses Bitte bereits erfüllt und das Engagement der Schauspielerin gekündigt. Er ist jetzt mit dem Töchterlein des Augsburger Bürgermeisters unterwegs.

Selig bei den Göttern im Olymp

Nach seiner Rückkehr aus Athen 1836 vergleicht Ludwig I. seine Mätressen Maria und Antonia mit der griechischen Dichterin Sappho und der jugendlichen Göttin Hebe

Unmittelbar nach der mißglückten Silberhochzeit steht fest, daß Ludwig nach Griechenland zu seinem Sohn Otto reist. Zu gerne würde Therese mitfahren. Doch der König herrscht sie an und weist sie auf ihre angeblich schwache Gesundheit hin. Jeder glaubt aber zu wissen, er wolle auf einer Zwischenstation in Colombella ungestört mit Marianna sein. Doch diese Liebesglut auf Umbriens schönstem Gut ist ja längst erloschen.

Dafür geht jetzt eine andere Sonne auf. Die 26jährige Maria von Pflummern, ein temperamentvolles und liebestolles Töchterlein des Augsburger Bürgermeisters Franz von Pflummern, bringt wieder Wärme in sein Leben. Zur Stadt am Lech hegt er ja schon immer eine tiefere Sympathie, reist er doch stets als Graf von Augusta (= Augsburg) heißen Herzens über den Brenner.

Maria von Pflummern, Tochter des Augsburger Bürgermeisters, im Münchner Fasching

Mit großer Wahrscheinlichkeit wird der Bayernkönig auf die junge Frau in Athen aufmerksam, wo sie gerade mit ihrem griechischen Freund lebt. Ludwig vergleicht sie sofort mit den Göttinnen auf der Akropolis und sehnt sich nach ihrem schwäbischen Mundwerk. Und schon bei der ersten Vertraulichkeit leitet er aus dem Namen ihres Geliebten Sazzo für sie den Namen der großen antiken Dichterin Sappho ab. So ganz in ihrem Stil verfaßt er auch sein erstes Liebesgedicht auf sie. »Ihrer Lyra Zauberklängen«, so reimt er, »horchet Griechenland entzückt; in den blühenden Ge-

Augsburg, Geburtsort der königlichen Mätresse Pflummern

Mit der griechischen Dichterin Sappho vergleicht Ludwig sein Griechenland-Gspusi Pflummern; links Pegasus

sängen ist nur Liebe ausgedrückt.« Dann meint er: »Liebe ist nicht zu ergründen, nicht ihr Ende, nicht ihr Entstehen.« Der Leidenschaft ergehe es wie den Wolken am Himmel, die kommen und verschwinden.

Die Geliebte aus der bayerischen Heimat schaut in Piräus den weißen Wolken nach und fühlt den Augenblick im Glück, stellt Ludwig fest. Dann schwärmt er ihr vom weiß-blauen Himmel in Bad Brückenau vor, wo er den Sommer mit ihr verbringen will. Die neue Sappho ist entzückt und beglückt von solch schönen Tönen. Sofort schreibt Ludwig in einem sehr rüden Ton seiner Frau Therese, daß sie ihn erstmals nach fast zwei Jahrzehnten nicht ins fränkische Bad begleiten dürfe. Gründe gibt er nicht an. Prompt erwidert die Gedemütigte: »Ich ward zur Bildsäule!« Dennoch fährt sie ihm am 14. April 1836 bei der Rückkehr aus Griechenland bis Wolfratshausen entgegen. Sie fürchtet sich ganz einfach vor ihrem Mann – und dem Tratsch der Leute. Der Em-

Ludwig I. auf der Akropolis (1836)

pfang ist kühl, die obligatorische Cour in der Residenz wird abgesagt.

Dafür reimt Ludwig jetzt seine Gefühle zu einem Gedicht. »Kenne mich vor Glück nicht mehr«, behauptet er, »alles glänzt im Rosenschimmer, Seligkeit die Seele trinkt.« Was ist das für ein Beben und Leben an Marias Seite! Kaum hat er ihr Herz erobert, ernennt er ihren Vetter zum Oberstleutnant.

Eiserner Pavillon im Bad von Kissingen, in dem sich Ludwig 1836 mit seiner Freundin Pflummern vergnügt

Die Auftritte mit der Königin werden immer seltener. Am 23. Mai 1836 sieht man sie noch einmal gemeinsam auf der Kirchweih in Großhesselohe. Im Monat darauf geht es schon ab nach Brückenau. Wie befohlen: ohne Königin! Am 1. Juli übernachtet Ludwig in Würzburg. Klenze weilt gerade in Bamberg beim Kanalbau. Am 2. oder 3. Juli notiert Ludwig in Brückenau: »Ach! es drückt die Seele nieder – schwer der Einsamkeit Gewicht.« In Bad Kissingen soll sich dann alles ändern. Dort fällt ihm die Pflummern um den Hals. Klenze, der sich zufällig im Badeort aufhält, überrascht beide. In einer Laune, die nur Verliebten eigen ist! Jetzt weiß er, warum der König seine Königin erstmals nicht dabei haben will.

»Vor einigen Tagen hatten wir das Glück, Seine Majestät den König hier zu sehen«, liest man am 11. Juli in der *Augsburger Abendzeitung* über Ludwigs Badeferien. Er »erfreut sich der blühendsten Gesundheit«. Natürlich darf die Mätresse nicht erwähnt werden. Durch ihre Mittelsmänner erfährt aber Therese davon. Auch davon, daß ihn in dem »kleinen, unscheinlichen Haus« täglich das schöne Frauenzimmer aus Augsburg besucht!

Im Blauen Saal des Schlosses Ismaning gefallen Ludwig die halb entblößten Nymphen, Seeweibchen und Mänaden

Sieben Wochen teilt man Freud und Leid im Bade. Doch letztlich waren sie für Maria mehr ein Schlag ins Wasser als ein Gesundbrunnen. Es gab vor den Stunden in den Betten so manche Woge zu glätten. Bekehrungen von Seiten des Wittelsbachers lehnte sie ab. Und dann ist sie durchgebrannt, die heiße Liebe von Athen! Wie man erfährt, bietet ein Esterhazy in Wien mehr für ihre liebesdurstige Seele.

Am 25. August 1836 feiert Ludwig seinen 50. Geburtstag. Er läßt sich in Berg am Starnbergersee kurz mit seiner Frau sehen. Nach der »glänzenden Tafel« begeht er die nächste Geschmacklosigkeit. Er schimpft auf alle, die ihn wegen seiner unglaublichen Ausschweifungen kritisieren.

Am 22. Juni 1837 reist Ludwig mit Therese zum Schloß Ismaning seiner von ihm nicht sehr geliebten Schwester Auguste Amalie. Sie feiert ihren 49. Geburtstag und weiht den soeben von Jean Baptist Metivier fertiggestellten Blauen Saal ein. Ein grandioses Kunstwerk, das heute einzigartig in Deutschland ist! Ludwig spürt und rührt die Genialität des französischen Raumausstatters. In den halb entblößten Nymphen, Mänaden und Seejungfrauen begegnet ihm Griechen-

Die ideale Hebe, schönste Göttin im Olymp, ist für Ludwig die junge Antonia Wallinger. Rechts die Hebe im Ismaninger Schloß (von Metivier), links eine Hebe-Plastik von Canova

land mit seiner schillernden Göttervielfalt wieder. Vor allem gefällt ihm oben im Tympanon die leicht geschürzte Hebe Metiviers, die im Olymp die Götter bedient.

Als solche läßt er auch seine neue Geliebte Antonia Wallinger, eine hoffnungsvolle Tänzerin am Nationaltheater, von Stieler malen. Sie ist gerade 17 geworden. Ihr weißes Kleid mit dem Mäandermuster, der goldenen Kordel um die Hüfte und dem goldgelben Schal erinnert natürlich ebenfalls an Hellas, ihr Kelch in der Linken an die Göttertafel.

Nach den Atelier-Sitzungen wird dann ein Anliegen des Königs befriedigt. Er will beim Wechsel der Garderobe behilflich sein. Als dies einmal länger dauert, sagt er zu Stieler, er habe zweifellos schönere Frauen vergöt-

Antonia Wallinger, Tänzerin am Münchner Theater

tert, »aber niemals eine, welche seine Sinne in einem so hohen Grade gereitzt«. Keine habe ihn »zu solchem Liebesverlangen entflammt«. Nach einem seiner Seitensprünge mit der Tänzerin verfaßt er eine phantastische Hymne auf sie: »O süße Schenkin bei dem Göttermahle, beseligt, den du wählest zum Gefährten, der, dem liebend reichst die goldne Schale.« Und damit meint er sich!

Bald danach bekommt die Tänzerin aber weiche Knie und macht sich auf die Beine. Und schon hat die nächste Theaterdame ihren Auftritt auf der königlichen Liebhaberbühne!

Ludwig und der Genius seines Lebens. Cornelius illustriert den Eintritt des Wittelsbachers in den Hain der Dichter (links) und der bildenden Künstler (rechts)

Wenn Schauspielerinnen ihre Rollen wechseln

Um 1840 gastieren die zwei als Schönheiten gepriesenen Aktricen Constanze Dahn und Karoline Bauer im europaweit bekannten Serail des bayerischen Königs Ludwig

Noch als Antonia Wallinger in ihrem kurzen Röckchen auf der Bühne des Hoftheaters den Landesherrn und seine Landeskinder verzaubert, winkt Ludwig einer Schönheit in der Loge gegenüber zu, die ebenfalls Mitglied des Hauses am Max-Joseph-Platz ist. Und die Tatsache, daß sie ebenso wie ihre Nachfolgerin im königlichen Serail protestantisch ist, stört komischerweise den konservativen Minister Abel mehr als die dauernden Ehebrüche seines Herrn.

Die Schauspielerin, der Ludwig so gerne winkt, ist die Französin Constanze Dahn, eine geborene Le Gaye. 1839 feiert sie ihren 25. Geburtstag. Jedermann in München weiß, daß sie bereits Mutter eines kleinen Sohnes ist. Er soll später mit seinem Roman »Der Kampf um Rom« Weltruhm erringen. Felix Dahn, der 1834 in Hamburg geboren wurde!

Entgegen den meisten seiner Mätressen vereinigen sich in der jungen Frau soviel Esprit, Sinnlichkeit und Grazie, daß ihr praktisch ganz München zu Füßen liegt. »Sie läßt es an Ernst und Studium nicht fehlen und hat sogar geniale Anflüge, mit denen sie zu wuchern weiß.« So urteilt Friedrich Hebbel, der letzte große Dramendichter Deutschlands, über sie. »Sie ist noch schön und die beste Schauspielerin am Theater«, urteilt er ein andermal.

Die Französin Constanze Dahn mit Ferdinand Raimund auf der Münchner Bühne

Stieler mußte die Schönheit schon 1835 malen – im Alter von 21 Jahren. Damals war sie frisch verheiratet, und Ludwig dichtete: »Der Gatte deiner Wahl ist dir gegeben. Du hast es erreicht und ihm nur wirst du seyn.« Aus uns nicht bekannten

Grabmal der Dahn auf dem Südlichen Friedhof von München

Gründen ist das Porträt Stielers heute verloren. Doch die Frau genießt soviel Ruhm, daß ihr Bildnis mannigfach überliefert ist. Vor allem eine Lithographie, die sie mit dem Wiener Dichter Ferdinand Raimund zeigt, gibt uns eine kleine Vorstellung von ihrem Temperament.

Um L'amour mit der quirligen Französin ungestört genießen zu können, kauft ihr Ludwig 1839 ein Haus an der Barerstraße, das er sinnigerweise zunächst auf den Namen des Polizeipräsidenten schreiben läßt. Im schummrigen Chambre à coucher lernt der Wittelsbacher dann etwas kennen, was er noch nie gesehen: einen durchtrainierten gertenschlanken Körper, ideale Maße. »Knochengerippe« soll er später in der Lola-Zeit über ihren Leib spotten.

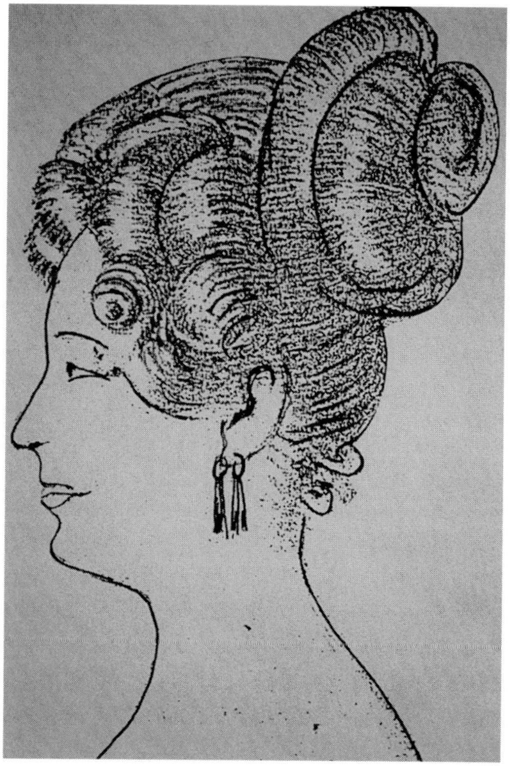

Karoline Bauer, ehemalige Mätresse des belgischen Königs

Natürlich erfährt ihr Mann Friedrich, der ebenfalls am Theater engagiert ist, von den rein privaten Gastspielen seiner Frau beim König. Er duldet diese Rolle aber umso leichter, als er selbst sein eigenes Repertoire mit aufregenden Partnerinnen gerne erweitert, was letztlich zur Auflösung der Ehe führt. Als dann Ludwig bei Constanze alles gefunden, was er gesucht hatte, verwandelt sich die leidenschaftliche Liebe in eine herzliche Freundschaft. Wenn sie ihm etwas im Haus an der Barerstraße vorliest, schläft er öfter auf ihrem Schoß ein, erzählt sie.

Constanzes Leben mit Ludwig spiegelt heute sehr schön ihr Jugendbildnis auf ihrem Grabstein im Südlichen Friedhof wider. Eine hochgewachsene Frau mit einem verschmitzten Lächeln schreitet von links nach rechts. Eine Maske weist sie als Schauspielerin aus, die entblößte Brust als Geliebte des Königs, der ihr freilich später, als sie ihn vor Lola Montez warnt, eine »giftige Zunge« nachsagt.

In der Zeit, in der Ludwig bei Constanze einschläft, hat er ein kurzes Abenteuer mit der 33jährigen Schauspielerin Karoline Bauer. Sie war einst die Geliebte des Prinzen Leopold von Coburg, der sie verstieß und verließ, als er 1831 König von Belgien wurde. »Als hübsches Spielzeug« hat sie sich damals empfunden, klagt sie. Gerne hört der König von Bayern ihren auf- und anregenden Schilderungen zu. Die Bauer ist es auch, die dem Wittelsbacher als erste von den Theatererfolgen der Lola Montez erzählt. Einmal haben sich die zwei Damen in Dresden getroffen. Da sagte Lola zu ihr: »Wir beide sind schön – ich wie der Süden, Sie wie der Norden!«

Als der König der Bauer den Hof macht, erinnert sie ihn aber mit ihren improvisierten Schäferspielen mehr an den Süden, an Marianna, die ihn nicht mehr mag, ihm aber immer noch nicht aus dem Sinn geht. So holt er in seiner Tristesse jetzt die berühmte Aktrice vom Münchner Hoftheater ab, schreibt ihr lange Liebesbriefe und vergleicht sie mit einer der spärlich bekleideten Grazien Schwanthalers. Längst hat Königin Therese ihre Seufzer eingedämmt. Ihr Mann ist jetzt 56. Der Hausarzt, so hört sie, soll öfter bei ihm nachschauen. Auch die Geliebte verspürt Schmerzen. Offensichtlich ist sie

Mit einer der drei Grazien von Schwanthaler vergleicht Ludwig die berühmte Schauspielerin Karoline Bauer

aber mehr liebeskrank. Dennoch schickt Ludwig seinen Leibmedikus auch zu ihr.

Bald reist die berühmte Frau wieder ab. Macht nichts, denkt Ludwig. Auf ihn wartet nämlich eine zauberhafte Aschaffenburgerin, die viele für die Hübscheste in der Schönheitengalerie halten.

König Ludwig inmitten seiner Welt. Neben ihm die Dame seines Herzens, über ihm seine Bauten, die für die Ewigkeit gedacht sind, unter ihm seine Künstler

Finale furioso vor der 48er Revolution

Vor der Abdankung des Bayernkönigs Ludwig erfreut er sich seiner letzten Liebschaften mit der Aschaffenburgerin Carolina und der irischen Abenteuerin und Tänzerin Lola Montez

Aschaffenburg im Sommer 1840! Bei einem Spaziergang hoch über dem Main begegnet dem bayerischen König Ludwig die 16jährige Gesangs-Elevin Carolina Licius. Er sucht gerade einen passenden Platz für eine Nachbildung eines pompejanischen Palastes, das er Pompejanum nennen will. Sie erzählt ihm die Geschichte ihres Lebens. Der Vater ist Trompeter, die Mutter hat Probleme mit ihrer Sehkraft, und sie, Carolina, will gerne zum Theater. Da kann der Monarch natürlich helfen. Mit Streicheln und Schmeicheln knüpft er an der Mainschleife ein »zartes Band« (lateinisch licium = Band), das ihn, den stets Liebenden, von Tag zu Tag mehr fesselt.

Es sind heitere Tage in Franken! Ludwig erzählt der Kleinen von Palermo, Perugia und Pompeji. Natürlich hängt Carolina so und so an seinen Lippen. Da macht ihr der König einen Vorschlag. Komm mit nach München! Für den Vater und die Brüder finde er bestimmt eine Stellung, für ihre Zärtlichkeiten eine sturmfreie Bude.

Die Licius und Ludwig haben schnell die Eltern überredet, und so bläst der Trompeter bald im Münchner Finanzministerium den säumigen Steuerzahlern den Marsch. Carolina selbst richtet er eine Wohnung neben der Residenz und der anschließenden Kaserne (heute Staatskanzlei) ein. »Zwei Regimenter waren regelmäßige Augenzeugen der täglichen und nächtlichen Besuche des Königs«, schreibt Klenze.

Den Liebesbriefen dieser frohgestimmten Sängerin entnimmt man, daß sie ihn von Anfang an duzt. Immer wieder widmet sie ihm »in Liebe« kleine Aufmerksamkeiten. Und er revanchiert sich mit Seide und Geschmeide für ihre Liebesgunst und -kunst. Schon 1841 ändert Ludwig sein Testament. Für den Fall, daß die Geliebte unvermählt bleibt, soll sie 24 000 Gulden erhalten. »Sie darf es ohne Erröten annehmen«, schreibt er.

Carolina Licius aus Aschaffenburg

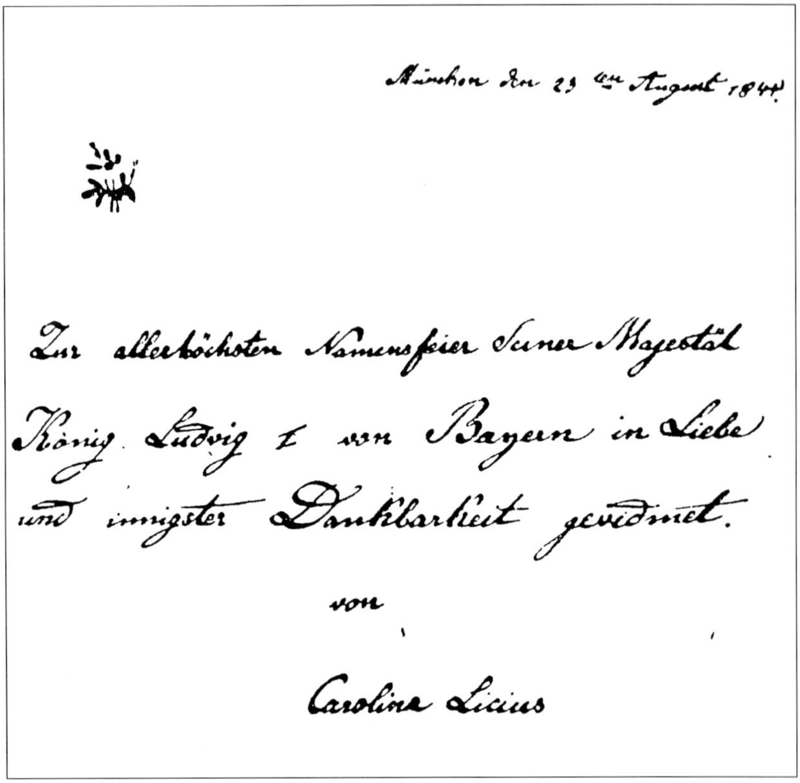

München den 23 ten August 1844.

Zur allerhöchsten Namensfeier Seiner Majestät König Ludwig I von Bayern in Liebe und innigster Dankbarkeit gewidmet.

von

Carolina Licius

Brief der Licius an Ludwig

Selbstverständlich hat die Licius Zutritt in die Residenz. Das schon deswegen, weil auch sie von Stieler gemalt wird. Einmal 1841 und einmal 1842! Stundenlang sitzt Ludwig händchenhaltend neben ihr, die er »die Schönste in München« nennt. Und sie genießt neben dem König ihre Rolle als Schönheitskönigin. Leider ist das erste Bild Stielers verschollen. Das erhalten gebliebene Porträt läßt uns Ludwigs Schwärmerei verstehen.

Gesicht und Gestalt Carolinas sind ohne Mängel, nicht aber ihre Bildung. Deshalb läßt er ihr Unterricht in Französisch, Italienisch, Klavier und Gesang erteilen. Wenn er sie gerade nicht besucht, schreibt ihm Carolina nette und neckische Briefe. So erfahren wir, daß er ihr in Starnberg, ganz in der Nähe des Schlosses Berg also, ein Häuschen mietete oder kaufte. »Wir sind den ganzen Tag im Garten«, schreibt sie ihm. Abends geht es öfter in die Oper, »in der jetzt eine junge Sängerin gastiert und allgemeinen Beifall erntet«.

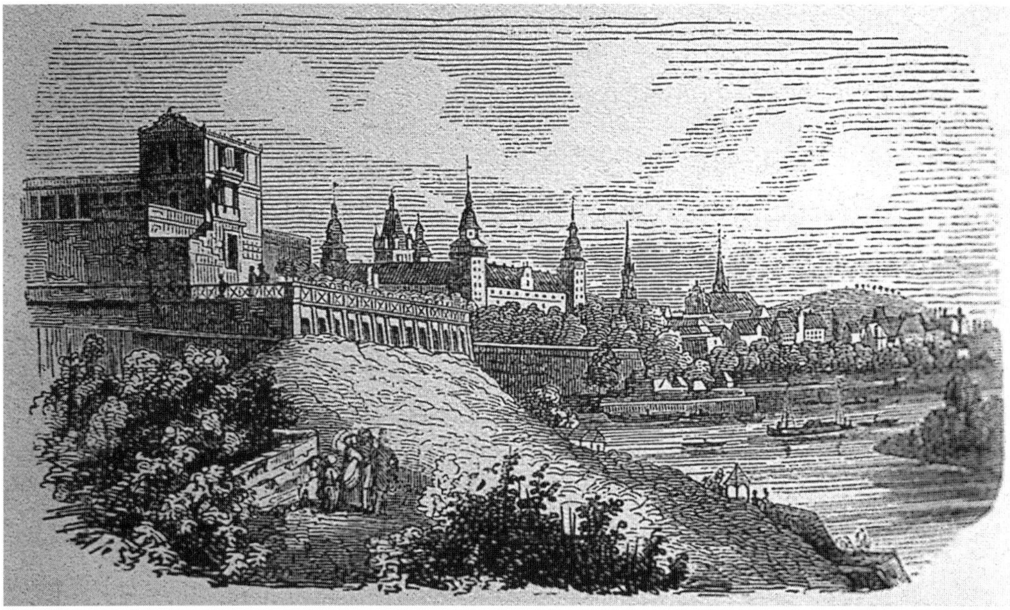

Aschaffenburg mit Pompejanum (links im Vordergrund)

Ihren Heimatort Aschaffenburg hat die Licius jetzt längst vergessen. 1846 beginnen dort die Vorbereitungen für die Innenarbeiten des Pompejanums. Göttinnen, Genien und Grazien sollen die Mythologie von einst wieder in Erinnerung rufen. Da zählt plötzlich in den Augen Ludwigs auch die hübsche Carolina zum Altertum. Er liegt nämlich seit ein paar Tagen zu Füßen der international renommierten Tänzerin Lola Montez, die unverzüglich den Monarchen aufstachelt, den Zweiklang mit der Sängerin zu beenden. Sehr ungalant trennt er sich daraufhin von Carolina. Am liebsten würde er die Verflossene wieder am Main sehen.

Als die Licius endlich versteht, daß das »zarte Band« durchschnitten ist, beginnt sie, ihren Schmerz ohne Groll zu überwinden. Die »liebe Majestät«, wie sie 1847 schreibt, hat ihr viel gegeben. Das wirklich hübsche Bild in der Schönheitengalerie macht sie unsterblich.

Das Haus über dem Main interessiert indes Ludwig jetzt nicht mehr. Er hat nur noch Augen und Ohren für die schöne Lola, die sich fälschlicherweise als Spanierin ausgibt. Ihrem ersten Auftreten im Nationaltheater folgt ein glatter Verriß: »Lola Montez tanzte gestern in den Zwischenakten des zur Aufführung gebrachten Lustspiels spanische Nationaltänze

Lola Montez, die sich als spanische Tänzerin ausgibt, aber aus Irland stammt, bringt Ludwig um den Bayernthron.

im Costüm, die aber, ebenso wie die ganze Art und Weise mit welcher die Tänzerin auftrat, den Gesammtbeifall des Publikums nicht zu erringen vermochten« (*Augsburger Abendzeitung*, 12. Oktober 1846).

Da sie aber schnell den Beifall Ludwigs erringt, dürfen solche Zeilen nie mehr veröffentlicht werden. Er erfüllt ihr von Anfang an jeden Wunsch, sie ihm übrigens auch. Erstmals gewährt er einer Frau politischen Einfluß und eine ungestrafte Mißachtung der bayerischen Gesetze. Was sie anordnet, hat Rechtskraft, beginnt sie einen Streit, wird derjenige bestraft, gegen den sie ihre Angriffe richtete.

In der Barerstraße, nahe dem Haus, das er Dahn schenkte, richtet Ludwig dem Star von auswärts ein Liebesnest ein. Tausende von Münchner können so verfolgen, wann der Wittelsbacher gerade wiedermal seine Therese betrügt. Die Gesandten berichten über viele seiner Schritte. »Der König ist vollständig aller Achtung, aller Autorität, alles Vertrauens bei seinem Volke entblößt«, depeschiert der preußische Gesandte nach Berlin. Ludwigs Schwester Charlotte, die verwitwete Kaiserin in Wien, hält ihm »den Hohn und die Verachtung des In- und Auslandes« vor Augen.

Lola, auf einem der weltberühmten »Bayernfenster« im Kölner Dom (1848)

Alle Warnungen nützen nichts. Ludwig läßt seine wetterlaunische Geliebte weiter in diesen schwülen Monaten vor der Revolution gewähren. So artet die stürmische Liebe zu einem Orkan aus, der schließlich Ludwigs Königtum zerstört. Kurz bevor die Münchner die Residenz stürmen, dankt er am 19./20. März 1848 ab. Er habe soviele Mätressen gehabt, so erzählt er in seiner Naivität, warum mache man ihm ausgerechnet jetzt soviele Schwierigkeiten.

Die 30 Geliebten Ludwigs

Die erste wird dort geboren, wo die letzte stirbt: in New York

1.
1805 (Februar/März – Neapel, Ischia)
Mary Livingston (* um 1786 New York), Tochter des amerikanischen Freiheitskämpfers Robert Livingston

2.
1806 (Februar bis August – Paris)
Marguerite Georges Weimar (* 23.2.1786 Bayeux, † 11.1.1867 Passy bei Paris), Schauspielerin

3.
1806 (Herbst – München)
Schwefelholz-Nanni

4.
1807 (Januar/Februar – Warschau)
Maria von Walewska (*1789, † 1817), polnische Gräfin, Mutter des nachmaligen französischen Staatspräsidenten Alexandre Walewski (dessen Vater Napoleon ist)

5.
1808-1810 (München)
Regina Hitzelberger, verheiratete Lang (*1787 Würzburg, † 10.5.1827 München), Tochter der Sopranistin Sabina Hitzelberger (1755-1815), Opernsängerin in München

6.
1811/1813 (Salzburg)
Anna, Schauspielerin in Salzburg

7.
1814/1815 (Wien)
Antonie, Bürgermädchen aus Wien

8.
1814/1815 (Wien)
Julie von Zichy, geborene Festeticy (*um 1790, † 8.11.1816 Wien), Gräfin aus ungarischem Adel

9.
1816 (München)
Helene Hahn (* 1799/1800 Heidelberg), Bürgerstochter aus Heidelberg, Bruder des Germanisten Karl August Hahn und Schwägerin des Philosophen Hinrichs

10.
1817 (München)
Maria von Rambaldi (*1790), Gräfin aus italienischem Adel

11.
1817 (Oktober – Rom)
Angelika (* um 1800 Neapel), »Blumenwinderin« des Malers Senf(f)

12.
1818 (Januar bis April – Rom)
Angelina, verheiratete Magatti (* um 1896 Rom), römische Kurtisane

13.
1818/1819 (München)
Adelaide Schiasetti (* 1800 Rom, † nach 1848 Genua?), illegitime Tochter eines Mailänder Offiziers und einer Römerin, Opernsängerin in München und Paris

14.
1820 (November/Dezember – Rom)
Paolina Borghese, geborene Bonaparte (* 20.10.1780 Ajaccio, † 9.6.1825 Florenz), Schwester Napoleons, die sich 1815 von ihrem zweiten Mann Camillo Borghese scheiden läßt

15.
1821-1830 (Rom, Perugia)
Marianna Florenzi, geborene Baccinetti (* 9.11.1802 Ravenna, † 15.4.1870 Florenz), Marchesa auf Schloß Colombella bei Perugia

16.
um 1821 (München)
Friderike von Hartmann, verheiratete Ringseis (* 14.11.1791 Mühldorf, † 1877 München), Tochter des Salzburger Hofkammerrates Siegmund von Hartmann und der Augsburgerin Anna Köpff

17.
1825/26 (München)
Nanette Steiner

18.
1828 (München)
Charlotte von Hagn, verheiratete Oven (* 4.11.1809 München, † 22.4.1881 München), Schauspielerin in München, Berlin und St. Petersburg, Tochter des Münchner Kaufmannes Karl von Hagn (1786-1830) und Schwester des Malers Ludwig von Hagn (1819-1898)

19.
um 1829 (München)
Katharina Vespermann, geborene Sigl (* 1804 München, † 30.7.1877 München), Opernsängerin

20.
1831/1832 (München)
Janthe Ellenborough, geborene Digby (* 3.4.1807 Holkham Hall/England, † 11.8.1881 Damaskus), Tochter des englischen Seehelden Henry Digby

21.
1832 (April/Mai – Ischia)
Luise von Härtling, geborene von Lilien (* 1807), ehemals Stiftsdame in St. Anna in München

22.
1833 (München)
Speth, verheiratete Schatteneck (* um 1810 München), Tochter des Münchner Arztes Franz Speth

23.
1834 (München)
Caroline von Holnstein, geborene Petin, legitimierte Freiin von Spiering, wiederverheiratete von Kuensberg (* 8.5.1815 Fronberg bei Schwandorf/Oberpfalz, † 24.7.1859), illegitime Tochter der Sophie Petin und des Prinzen Carl, somit Ludwigs Nichte

24.
1835 (München)
Marie Denker, geborene Hahn (* 10.4.1810 Hamburg, † 29.3.1882 München), Schauspielerin

25.
1836 (Bad Brückenau, Bad Kissingen, München)
Maria von Pflummern (*1809 Augsburg, † 1858), Freiin, Tochter des Augsburger Bürgermeisters Franz von Pflummern

26.
um 1840 (München)
Antonia Wallinger, verheiratete von Ott (* 7.4.1823 München, † 24.3.1893 München), Tänzerin, Schwiegermutter des Malers Max Manuel (1850-1918)

27.
um 1837-1842 (München)
Constanze Dahn, geborene Le Gaye (* 12.6.1814 Kassel, † 26.3.1894 München), Schauspielerin, Tochter des französischen Komponisten und Kapellmeisters Jean Charles Le Gaye, Mutter von Felix Dahn (1834-1912)

28.
nach 1840
Karoline Bauer (* 29.3.1807 Heidelberg, † 18.10.1878 Zürich), Schauspielerin, Mätresse des nachmaligen belgischen Königs Leopold

29.
1840-1846 (Aschaffenburg, München)
Carolina Licius, verheiratete Stobäus (* 24.4.1824 Aschaffenburg, † 1904?)

30.
1846-1848 (München)
Lola Montez (* 1818 Limerick/Irland, † 17.1.1861 New York), Tänzerin

Literatur

Archivalien

Bayerische Staatsbibliothek München:
Klenzeana
Ana 412
Cod. gall. 892

Bayerisches Hauptstaatsarchiv München:
Adelsmatrikel/Grafen R 1 (Rambaldi), Adelsmatrikel/Freiherren H 20 (Hertling), K 32 und 34 (Kuensberg), P 18 (Pflummern), MF 36 017 (Sigl), Staatstheater 170 (Hagn), 492 (Taglioni), 655 (Denker)

Haus-, Hof- und Staatsarchiv Wien:
Staatskanzlei, Bayern

Stadtarchiv Aschaffenburg:
Standesakte Licius

Quellen

Adreßbuch München 1835, 1842, 1845, 1850, 1877 (Monacensia)

Andersen, Hans Christian: *Eines Dichters Bazar*, Weimar o.J.

Armin, Bettina von: *Goethes Briefwechsel mit einem Kinde*, München 1984

Atterbom, Per: *Reisebilder aus dem romantischen Deutschland*, Stuttgart 1970

Augsburger Abendzeitung 1825-1847

Bauer, Karoline: *Aus meinem Bühnenleben, Erinnerungen*, Berlin 1871 (Biogr. 71 ro)

Bernstorff, Elise von: *Memoiren*, Berlin 1896 (Biogr. 94 t)

Büchner, Georg: *Sämtliche Werke*, Wiesbaden o.J.

Bunsen, France: *Ein Lebensbild in ihren Briefen*, Gotha 1881 (Biogr. 154 tf-1)

Eckermann, Johann Peter: *Gespräche mit Goethe*, Stuttgart 1994

Escherich: *Lebenserinnerungen aus dem Königreich Bayern*, München 1985

Förster, Ernst: *Peter von Cornelius* (mit vielen Quellen), Berlin 1874 (Art. 101 sk-1)

Führich, Joseph: *Briefe aus Italien an seine Eltern*, 1827-1829, Freiburg/Breisgau 1883 (Epist. 296 h)

Garde, August de la: *Gemälde des Wiener Kongresses*, München 1912 (Austr. 1173 1.1, 1.2)

Gesandtschaftsberichte aus München 1814-1848, München 1935 ff (Monacensia)

Goertz, Johann Eustach von Schlitz: *Memoiren eines deutschen Staatsmannes*, Leipzig 1833 (H.misc.203 t)

Goethe, Johann Wolfgang: *Römische Elegien*, Berlin 1961

Hase, Karl August von: *Erinnerungen an Italien in Briefen an die künftige Geliebte*, München 1992

Hebbel, Friedrich: *Briefe*, Berlin 1913

Heine, Heinrich: *Sämtliche Werke*, München 1964

Herz, Henriette: *Ihr Leben und ihre Erinnerungen*, Berlin 1850 (Biogr. 518 y)

Holland, Hyazinth: *Lebenserinnerungen*, München 1920 (Bavar. 3140 z)

Kestner, August: *Briefwechsel zwischen August Kestner und seiner Schwester Charlotte*, Straßburg 1904 (Epist. 379 g)

Kestner, August: *Römische Studien*, Berlin 1850

Kobell, Louise von: *Unter den ersten vier Königen Bayerns*, München 1897

Koebler, Johann Wilhelm: *Wegweiser in der Königlich Bayerischen Haupt- und Residenz-Stadt München*, München 1827 (Monacensia)

Kügelgen, Wilhelm von: *Jugenderinnerungen eines alten Mannes*, Ebenhausen bei München 1922 (L.eleg.g. 65 dib-26)

La amanta, Napoli (dalla Tipografia di Giovanni Battista Seguin), um 1838
La cronaca, Napoli (Presso Raffaelo Mirandi), 1827
Lipowsky, Felix Joseph: *Baierisches Musik-Lexikon*, München 1811 (Monacensia)
Ludwig I.: *Briefwechsel zwischen Ludwig I. von Bayern und Eduard von Schenk*, München 1930 (Bavar. 4488 m)
Ludwig I. und Lola Montez: *Briefwechsel*, München/New York 1995
Ludwig I.: *Gedichte*, München 1829 (P.o.germ 1893 x-1)
Ludwig I.: *Gedichte*, München 1839 (P.o. germ. 8809-113)
Ludwig I.: *Signate König Ludwigs*, München 1987-1997
Müller, Christian: *München unter König Maximilian Joseph I.*, München 1816 (Monacensia)
Münchner Neueste Nachrichten: 27.3.1893
Neueste Nachrichten 1.8.1877
Pecht, Friedrich: *Aus meiner Zeit*, München 1894 (Art. 226 kf)
Platen, August von: *Tagebücher*, o.O. 1898/1902 (Biogr. 900 ndb 1.2)
Reitmayr, Joseph Sigmund: *Handels- und Gewerbe-Addreß-Taschenbuch*, München 1818 (Monacensia)
Richter, Ludwig: *Erinnerungen eines deutschen Malers*, Frankfurt 1886 (Art. 257 cb)
Ringseis, Johann Nepomuk: *Erinnerungen 1-4*, Regensburg/Amberg 1886-1891 (Art. 257 gc)
Schmeller, Johann Andreas: *Tagebücher*, München 1956
Schnorr von Carolsfeld, Julius: *Briefe aus Italien*, Gotha 1886 (Epist. 810 c)
Sailer, Johann Michael: *Erziehung für Erzieher*, Sulzbach 1831
Seidler, Louise: *Erinnerungen und Leben der Malerin Louise Seidler*, Berlin 1875 (Art. 580 n)
Uxkull, Boris von: *Armeen und Amouren*, Reinbek 1965

Sekundärliteratur

Adalbert von Bayern: *Max I. Joseph von Bayern*, München 1957
Buchner, Paul: *Gast auf Ischia*, München 1968
Corti, Casar: *Ludwig I.*, München 1954
Cronin, Vincent: *Napoleon*, Hamburg 1973
Geller, Hans: *Ernste Künstler – fröhliche Menschen.* Zeichnungen und Aufzeichnungen Deutsche Künstler in Rom zu Beginnn des 19. Jahrhunderts, München 1947
Eisenberg, Ludwig: *Großes Biographisches Lexikon der deutschen Bühne*, Leipzig 1903 (L.eleg.g.16 x)
Grandaur, Franz: *Chronik des Königlichen Hof- und Nationaltheaters*, München 1878
Hartmann, Wolfgang: *Der historische Festzug*, München 1976 (Art. 638 b-35)
Hase, Ulrike von: *Joseph Stieler*, München 1971 (Art. 799 f-4)
Heigel, Carl Theodor: *Ludwig I.*, Leipzig 1888
Kutsch, Karl / Riemens, Leo: *Großes Sängerlexikon*, Bern/München 1997
Niggl, Reto: *Biedermeiers Hoftheater München*, München/Paris 1988
Oelwein, Cornelia: *Lady Jane Ellenborough*, München 1996
Oertzen, Augusta von: *Die Schönheiten-Galerie*, München 1923 (Bavar. 4364 x)
Rioux, Jean-Pierre: *Die Bonaparte*, Lausanne 1969
Schad, Martha: *Die bayerischen Königinnen*, Regensburg 1992
Scheffler, Gisela: *Deutsche Künstler um Ludwig I. in Rom* (Ausstellungskatalog), München 1981 (Bavar. 4646 e-27)
Thieme, Ulrich/Becker, Felix: *Allgemeines Lexikon der Bildenden Künstler*, Leipzig 1907-1947
Weiner, Margery: *Die Schwestern Napoleons*, München 1967

Soweit die Literatur aus der Bayerischen Staatsbibliothek stammt, ist die Signatur in Klammern angegeben, soweit sie in der Monacensia-Abteilung der Münchner Stadtbibliothek benutzt wurde, ist sie mit dem Stichwort Monacensia in Klammern versehen.

Register

ohne Ludwig und München; K=König(in) oder Kaiser(in)

Die Literatur

Ein Glücksfall steht an der Wiege dieses Buches. Auf dem berühmten Monats-Antiquitätenmarkt von Fano tauchte 1998 die im neapolitanischen Verlag Seguin edierte Auflistung der damals bekannten Mätressen auf. Dem bayerischen Kronprinzen und späteren König Ludwig I. werden darin die Damen Mary (Livingston), Rambaldi, Angelika di Napoli, Angelina di Roma, Adelaida di Roma, Paolina (Borghese), Marianna (Florenzi) und Louisa (von Härtling) zugeordnet.
Und dann noch ein zweiter Glücksfall! Eine Liste der Mätressen (»Cotillon« I-XX) fertigt auch Ludwigs Architekt Klenze an. In dieser Handschrift in der Bayerischen Staatsbibliothek erscheinen neben Geliebten aus Paris, Warschau, München und Wien auch die Rambaldi, Angelina di Roma (verheiratete Magatti), Adelaide di Roma (Schiasetti), Marianna (Florenzi) und Luise von Härtling.
Ergänzt werden diese Namen von mehreren Zeitgenossen Ludwigs, die sich in Tagebüchern, Briefen, Memoiren und Gesandtenberichten entsprechend äußern.
Die Lebensdaten der königlichen Damen sind in der Literatur (Lexika usw) oft unterschiedlich angegeben. Im Zweifelsfalle wurde in den Stadtarchiven ihrer Geburtsorte nachgefragt. Dabei stellte sich heraus, daß nicht einmal alle Beschriftungen der Bilder in der Schönheitengalerie in Nymphenburg stimmen. Leider war über die Daten einiger Münchner Mätressen trotz intensiver Nachforschung nichts oder nicht viel zu erfahren.

Die Geliebten

15 der vom Verfasser ermittelten Freundinnen Ludwigs stammen aus Deutschland, fünf aus Italien, je drei aus Frankreich und Österreich-Ungarn, je eine aus den USA, aus Polen, England und Irland. Das Durchschnittsalter der Geliebten beim ersten Flirt: 23 Jahre. Die älteste davon ist 40 (Paolina), die jüngste 16 (Licius). Zwei Damen entstammen dem Hochadel (Paolina, Marianna), neun dem mittleren und niederen Adel, 16 dem Bürgertum, der Rest der Mittel- und Unterschicht. Die Porträts von sieben Geliebten sind heute in der Schönheitengalerie zu sehen. Da Ludwig einmal erklärt, Lola Montez sei seine 50. Gebliebte gewesen, ist die in diesem Buch veröffentlichte Liste mit großer Wahrscheinlichkeit unvollständig. Über Hinweise auf fehlende Liebschaften würde sich der Verfasser freuen.

Die Bilder

Viele der historischen Abbildungen sind heute sehr schwer zu erhalten. Sie stammen unter anderem aus dem Antiquitätenmarkt von Fano, dem Museo Nazionale di San Martino in Neapel, der Österreichischen Nationalbibliothek Wien und dem Schloßmuseum Ismaning. Photos von Assisi, Rom, Regensburg, Köln, München und Ismaning vom Verfasser, ebenso Repros! Das Bild von Paolina Borghese in der römischen Villa Borghese ist eine der ältesten italienischen Photographien (Antiquariat Rom). Die abgebildeten Stiche sind im Besitz des Verfassers. Das Kontrastphoto zu Overbecks »Italia und Germania« zeigt Kirsten aus München und Roberta aus Rom (1998). Frei nach Ludwig ist der Text der letzten Umschlagseite zu den Bildern (von links oben nach rechts unten: Constanze Dahn, Paolina Borghese, Charlotte von Hagn, Adelaide Schiasetti, Marianna Florenzi, Caroline von Holnstein, Lola Montez, Marie Denker). Titelseite: König Ludwig I. und seine Mätresse Marianna Florenzi (von Heß).

Der Verfasser

Dr. Rudolf Reiser hat in München und Wien Geschichte studiert und bei Karl Bosl promoviert. Von 1969 bis 1997 war er Redakteur für Bildung und Wissenschaft bei der *Süddeutschen Zeitung*. Er ist Verfasser von zahlreichen wissenschaftlichen Aufsätzen und 40 Büchern mit den Schwerpunkten Bayerische Geschichte, Antike und Städtemonographien. 1998 erschienen von ihm im Buchendorfer Verlag »Klenzes Geheime Tagebücher«.